Le tonnerre de Dieu

J'AI LU

BERNARD CLAVEL	*ŒUVRES*
Romans	
LE TONNERRE DE DIEU (QUI M'EMPORTE)	*J'ai lu* 290*
L'OUVRIER DE LA NUIT	
L'ESPAGNOL	*J'ai lu* 309****
MALATAVERNE	*J'ai lu* 324*
LE VOYAGE DU PÈRE	*J'ai lu* 300*
L'HERCULE SUR LA PLACE	*J'ai lu* 333***
L'ESPION AUX YEUX VERTS	*J'ai lu* 499***
LE TAMBOUR DU BIEF	*J'ai lu* 457**
LE SEIGNEUR DU FLEUVE	*J'ai lu* 590***
LE SILENCE DES ARMES	*J'ai lu* 742***
LA BOURRELLE *suivi de* L'IROQUOISE	*J'ai lu* 1164**
L'HOMME DU LABRADOR	*J'ai lu* 1566**
LE ROYAUME DU NORD	
HARRICANA	*J'ai lu* 2153****
L'OR DES DIEUX	
MISÉRÉRÉ	
AMAROK	
LA GRANDE PATIENCE	
I. LA MAISON DES AUTRES	*J'ai lu* 522****
II. CELUI QUI VOULAIT VOIR LA MER	*J'ai lu* 523****
III. LE CŒUR DES VIVANTS	*J'ai lu* 524****
IV. LES FRUITS DE L'HIVER *(Prix Goncourt 1968)*	*J'ai lu* 525****
LES COLONNES DU CIEL	
I. LA SAISON DES LOUPS	*J'ai lu* 1235***
II. LA LUMIÈRE DU LAC	*J'ai lu* 1306****
III. LA FEMME DE GUERRE	*J'ai lu* 1356***
IV. MARIE BON PAIN	*J'ai lu* 1422***
V. COMPAGNONS DU NOUVEAU-MONDE	*J'ai lu* 1503***
Divers	
LE MASSACRE DES INNOCENTS	*J'ai lu* 474*
PIRATES DU RHÔNE	*J'ai lu* 658**
PAUL GAUGUIN	
LÉONARD DE VINCI	
L'ARBRE QUI CHANTE	
VICTOIRE AU MANS	*J'ai lu* 611**
LETTRE À UN KÉPI BLANC	*J'ai lu* D 100*
LE VOYAGE DE LA BOULE DE NEIGE	
ÉCRIT SUR LA NEIGE	*J'ai lu* 916***
LE RHÔNE	
TIENNOT	*J'ai lu* 1099**
L'AMI PIERRE	
LA MAISON DU CANARD BLEU	
BONLIEU OU LE SILENCE DES NYMPHES	
LÉGENDES DES LACS ET DES RIVIÈRES	
LÉGENDES DE LA MER	
LÉGENDES DES MONTAGNES ET DES FORÊTS	
TERRES DE MÉMOIRE	*J'ai lu* 1729**
BERNARD CLAVEL, QUI ÊTES-VOUS ?	*J'ai lu* 1895**

Bernard Clavel

Le tonnerre de Dieu

(Qui m'emporte)

Éditions J'ai lu

A Jean Reverzy,

*en témoignage d'admiration
et d'amitié.*

PREMIERE PARTIE

1

Depuis hier, il s'est passé bien des choses, je ne sais pas du tout ce qu'il faut en penser, je devrais peut-être prendre une décision, mais je ne vois pas laquelle. Il faudrait que je réfléchisse, mais c'est difficile. Après tout, rien ne presse. J'ai bien envie d'attendre et de me reposer encore un peu. Au fond, si je n'avais pas été si fatiguée, les choses se seraient peut-être passées autrement.

Il faut dire que je n'avais presque pas dormi depuis deux jours. J'avais fumé beaucoup aussi. J'avais la tête lourde. Quand j'ai quitté mon dernier client, il était 2 heures après midi. Marcel était absent pour plus d'une semaine. En général, je n'aime pas qu'il parte. Mais là, j'ai pensé tout de suite que je pourrais profiter de ma liberté pour aller me reposer. Seulement, j'avais faim. Et avant de remonter dans ma chambre, je suis entrée chez Jo pour acheter des sandwiches. Je me disais que ce serait plus vite fait qu'un repas au restaurant. Je pourrais les manger dans mon lit et m'endormir tout de suite.

Dès que j'ai ouvert la porte du bar, Marinette s'est précipitée vers moi.

— Il y a le fameux Brassac qui est là. Viens un peu, tu vas te marrer.

Les autres m'avaient souvent parlé de ce Brassac mais je n'avais pas envie de le voir. Tout au moins pour le moment. J'ai toujours été comme ça moi, quand j'ai sommeil, rien ne m'intéresse. Pourtant Marinette insistait. Je ne pouvais pas refuser sans raison. Je ne savais quoi inventer. Alors, je suis allée m'asseoir sur la banquette parce que c'était moins fatigant que de raconter une histoire.

A la table, il y avait toute la bande plus un grand type large et épais qui paraissait passablement saoul. Marinette m'a fait asseoir à côté de lui. J'ai remarqué tout de suite qu'il ressemblait à Raimu. Il avait d'ailleurs l'accent du Midi et il m'a semblé que sa façon de gesticuler en parlant n'était pas bien naturelle. Mais, au fond, c'était peut-être parce que les autres m'avaient dit qu'il puait le cabot à plein nez. Ils m'avaient dit aussi qu'il était souvent casse-pieds avec ses histoires de théâtre et de chiens perdus, mais qu'il fallait le supporter parce que l'argent se mettait à lui couler des mains comme s'il en pleuvait dès qu'il avait un verre dans le nez.

Une fois son histoire terminée, il s'est tourné vers moi. Marinette lui a dit :

— C'est Simone, une bonne copine.

Il m'a dévisagée un moment avant de dire à Marinette qu'il me trouvait mieux roulée qu'elle. Les autres se sont mis à rire et Marinette a répliqué :

— Si le cœur t'en dit, faut pas te gêner, Brassac, elle est presque toute neuve.

Il m'a pris le menton comme les vieux qui parlent à des gosses et il m'a regardée dans les yeux. Il puait le vin. J'y suis habituée, je le supporte mais ça me dégoûte tout de même. Et puis, il y avait autre chose qui me gênait. Sur le moment, j'ai pensé que c'était parce qu'il me regardait trop fixement, mais je crois qu'il y avait encore autre chose. Quelque chose dans ses yeux. C'est difficile à expliquer. Je voyais bien qu'il était saoul, mais on aurait dit que ses yeux ne l'étaient pas.

C'était gênant, cette impression. Tellement que lorsqu'il m'a demandé mon âge, je n'ai même pas eu le réflexe de me rajeunir comme on le fait toujours quand on se trouve avec un client qui a passé la quarantaine. Marinette a bien vu que je n'étais pas dans mon assiette, elle s'est dépêchée de dire :

— Oui, elle a vingt-six ans, mais il n'y a que six mois qu'elle turbine.

Brassac m'a demandé pourquoi j'en étais arrivée là, puis il m'a quittée des yeux pour se verser à boire. J'avais toujours sommeil, je sentais toujours ma fatigue, mais j'étais tout de même moins mal à l'aise. Et puis je connais si bien le boniment classique, que je n'avais aucun effort à fournir pour le débiter. Dans le métier, on en rencontre souvent de ces types qui vous demandent de raconter votre vie. Ils croient toujours être le premier à vous poser cette question. Quelquefois, ils vont jusqu'à vous faire part de leurs sentiments et, en général, ils sont navrés que des filles de vingt ans en soient réduites à faire le trottoir. Au début, je les trouvais ridicules. Maintenant je n'y prête plus attention. Je sais depuis longtemps que les choses se terminent toujours de la même façon et que ça n'est pas pour le plaisir de nous plaindre qu'ils viennent nous voir. En somme, toutes ces choses font partie du métier. Et chez nous, c'est comme ailleurs : c'est le plus habile à vanter sa marchandise qui réussit le mieux. Moi, j'ai la chance de n'être pas trop abîmée, si bien que les hommes me croient facilement quand je leur dis que je suis débutante. Ce qu'il ne faut jamais oublier, c'est de dire qu'on est « entrée dans la carrière » à la suite d'un chagrin d'amour. De savoir qu'une fille se donne à tous les hommes parce qu'un seul d'entre eux l'a refusée, c'est encore ce qui les excite le plus.

Quand j'ai eu terminé, Brassac m'a demandé si le métier me plaisait. J'ai répondu que non, mais qu'il fallait bien vivre. Puis, parce qu'il m'agaçait avec sa façon d'insister et que je sentais de plus en plus la fatigue me serrer les reins, j'ai ajouté :

— D'ailleurs, tous les hommes sont des salauds.

Les autres se sont mis à rire. Brassac ne riait pas. Au contraire il s'est mis à leur crier que j'avais bien raison. Ensuite, il s'est tourné vers moi. Il a levé les bras et son geste a fait rire tout le monde. Il ne s'en est pas occupé et il m'a dit :

— Mon petit, tu te trompes. Moi, Antonin de Brassac, je vais te démontrer que tu te trompes.

Il a payé les consommations et s'est levé. Il s'est balancé un moment sur place, puis, quand il a eu trouvé enfin son équilibre, il m'a dit :

— Viens, petite.

Je lui ai répondu que je n'avais pas de temps à perdre avec un imbécile qui voulait me faire des discours. Aussitôt Marinette m'a dit :

— Vas-y donc, espèce de gourde!

Par-dessus la table, Brassac s'est penché vers elle. On aurait dit qu'il voulait l'écraser.

— Toi, la rouquine, ta gueule. Si j'emmène la petite, c'est pas pour me l'envoyer. Tu comprends?... Non, c'est pas pour ça!

Toute la tablée se tordait. Moi, j'ai répété que je n'avais pas de temps à perdre. Alors Brassac a tiré son portefeuille de sa poche et posé devant moi cinq billets de mille francs. J'ai hésité un peu, puis j'ai ramassé l'argent et je suis sortie derrière lui. En me retournant pour faire un signe aux autres, j'ai vu que Marinette faisait une drôle de tête.

Dehors, Brassac m'a répété simplement :

— Viens, petite, tu le regretteras pas.

J'ai cru que nous allions « monter ». Mais non, il s'est mis à marcher. Je l'ai suivi sans rien dire jusqu'à la gare de Perrache. Nous sommes entrés au buffet. Il a cherché une table libre et m'a fait asseoir sur la banquette, en face de lui. Quand le garçon est venu, j'ai demandé un grog parce que j'avais froid. Brassac a commandé un pot de vin rouge. Nous avons bu, et Brassac est resté un bon moment sans parler. L'air de la rue m'avait un peu réveillée, mais il y avait beaucoup de monde dans la salle et le brouhaha des conversations m'a endormie de nouveau. J'ai laissé aller ma tête contre la banquette. Il faisait chaud. Je ne dormais pas vraiment, mais je m'engourdissais peu à peu. J'étais bien. De temps à autre j'ouvrais les yeux. En face de moi, accoudé à la table, Brassac continuait de se saouler.

J'ai dû dormir pendant un bon moment. Quand j'ai rouvert les yeux, il y avait trois bouteilles vides sur la table. Voyant que je le regardais, l'homme s'est mis à parler. Tout d'abord je l'ai écouté parce que son accent m'amusait, puis sans cesser de l'entendre, je n'ai plus prêté attention à ce qu'il disait. Je me souviens seulement qu'il parlait constamment de chien galeux. Il a répété aussi plusieurs fois que j'étais une pauvre chienne mais qu'il me sauverait; que toutes les femelles avaient besoin de faire des petits. Mais son accent ne m'amusait plus. Et puis, j'ai trop l'habitude des ivrognes pour m'intéresser longtemps à ce qu'ils racontent. Alors, j'ai fini par m'endormir complètement. Quand il m'a réveillée, il y avait cinq bouteilles vides devant lui. Il s'est levé lentement. A moitié endormie je l'ai suivi. Dehors il faisait frais. La nuit n'était pas loin. Sur le cours de Verdun, les enseignes lumineuses étaient déjà éclairées. En arrivant dans la salle des Pas-Perdus, j'ai regardé l'horloge. Il était déjà 5 heures et demie. J'ai demandé à Brassac ce qu'il comptait faire et il m'a répondu :

— T'inquiète pas. Viens.

Il parvenait encore à marcher, mais les mots avaient du mal à sortir de sa bouche. Mon envie de dormir était de plus en plus forte. Dans une espèce de brouillard, j'ai pensé un instant au chemin que j'aurais à parcourir pour rentrer chez moi. Il m'a paru très long. J'ai pensé aussi à la banquette du buffet. C'était plus près. J'aurais aimé y retourner. Brassac revenait du guichet. J'étais immobile près de l'entrée des voyageurs. Des gens me bousculaient avec leurs valises. Brassac m'a poussée devant lui vers le portillon de contrôle et le flot des voyageurs m'a déposée sur le quai. Devant la portière du wagon, j'ai hésité. Je me suis souvenue que l'on ne doit jamais accepter de suivre un client ailleurs que chez soi ou dans un hôtel. J'avais toujours respecté cette règle. Pourtant, je me suis dit qu'il était ivre, et qu'avec lui je pourrais certainement dormir tranquille. Après tout, que je dorme chez moi, chez lui ou dans un hôtel, ça m'était égal. Et puis, j'étais toujours à moitié endormie, et je n'ai pas vraiment réfléchi.

En montant dans le wagon, j'ai vu aussi qu'il ne s'agissait pas d'un express mais d'un train de banlieue. C'est peut-être ce qui a fini par me tranquilliser. Aussitôt installée je me suis endormie.

★

Je ne me souviens pas du trajet. A peine un bourdonnement, quelques heurts, des lumières qui passaient de temps à autre, très vite.

Quand nous sommes descendus du train, le vent froid m'a réveillée tout à fait. Il faisait nuit. Le convoi s'éloignait déjà. J'ai frissonné. L'homme m'a empoigné la main et il m'a dit :

— Viens!

Comme je résistais (sans d'ailleurs savoir pourquoi), il m'a demandé si je n'avais pas encore assez dormi.

Je regardais autour de moi. Quelques personnes sortaient de la gare. Il n'y avait pas d'employé. Contre le mur de la station, une plaque d'émail luisait sous une lampe, à côté de la pendule. Elle portait un nom en lettres rouges : LOIRE. Il était huit heures moins le quart.

Je ne comprenais pas. Pour moi, Loire c'était le nom d'un département, pas un nom de ville ou de village. Je devais faire une drôle de tête car l'homme s'est mis à rire en disant :

— Qu'est-ce que tu cherches? T'es pas perdue, non!

J'ai demandé où nous étions et il a ri de plus belle.

— Où on est? On est à Loire, pardi. L.O.I.R.E. Ça se voit, oui?... C'est écrit assez gros.

Il a toussé gras, craché en direction des rails luisants avant d'ajouter :

— Allons, viens, on n'est pas encore arrivé.

Lentement, la fraîcheur de l'air me permettait de reprendre pied. J'ai réfléchi quelques instants en regardant la nuit autour de nous. Je ne voyais pas d'autre lampe que celle de la gare. Il n'y avait plus personne sur le quai. Puisque j'avais suivi cet homme jusque-là, j'ai pensé que le plus simple était d'aller dormir où il m'emmènerait.

Nous avons tout d'abord suivi une route goudronnée. Il faisait toujours très sombre, mais nous marchions vers des fenêtres éclairées que des arbres cachaient par moments. Arrivés aux premières maisons, nous avons pris à droite une petite rue montante. Le sol était inégal, les lampes très éloignées l'une de l'autre. Je portais des chaussures à hauts talons et je me tordais les chevilles à chaque pas. Bientôt, nous sommes entrés dans une nuit épaisse. Il n'y avait plus de maisons. La route montait davantage et, au bruit que faisait le vent dans les feuilles sèches, j'ai compris qu'elle était bordée d'arbres. Des branches craquaient. L'homme me tenait toujours la main. Ses doigts et sa paume étaient rêches. J'ai dû serrer sa main plus fort car il m'a demandé si j'avais peur. J'ai répondu que non, mais je crois bien qu'en réalité j'avais un peu peur. En tout cas, ce n'était pas lui que je redoutais. Je ne saurais expliquer pourquoi, mais je n'ai jamais eu l'impression que cet homme pouvait me faire du mal.

A un certain moment, il m'a semblé très vaguement que j'avais déjà vécu un moment semblable, mais j'étais trop fatiguée pour chercher à me souvenir. D'ailleurs, le sol devenait de plus en plus caillouteux et j'ai trébuché à plusieurs reprises. L'homme s'est alors arrêté pour me demander si j'étais fatiguée. J'ai répondu que oui et que mes chaussures me blessaient.

— Si tu es fatiguée, faut qu'on trouve une voiture.

Il s'était arrêté. A sa façon de parler, j'ai compris qu'il était un peu moins ivre. J'ai demandé si nous avions encore beaucoup à marcher. Il m'a dit :

— Oui, quatre kilomètres. Et ça monte dur, plus haut.

J'ai soupiré. Nous sommes revenus sur nos pas jusqu'à la dernière maison du village. Les volets étaient fermés, mais on voyait la lumière par deux trous en forme de cœur. L'homme a cogné du poing contre le bois en criant :

— Oh! la mémée! C'est Brassac, ouvrez!

Je fixais les deux trous de lumière. Brassac devait les regarder aussi. Il m'a dit, sur le ton des gens qui récitent une poésie :

— Deux âmes dans la nuit, deux cœurs de soleil!

Une porte s'est ouverte à côté des volets. Nous sommes entrés et j'ai vu alors qu'il s'agissait d'un tout petit café. Une petite vieille avec un visage tout en peau plissée et en os s'était effacée pour nous laisser passer.

Brassac m'a présentée comme sa nièce en expliquant que j'étais fatiguée et que j'attendrais ici le temps qu'il ait trouvé une voiture. Il a bu coup sur coup deux grands verres de vin rouge puis il est sorti. Moi, j'ai demandé un grog. La vieille est allée dans la pièce voisine où je l'ai entendue remuer des casseroles. Venue d'assez loin, une voix d'enfant a demandé ce que c'était. La vieille a répondu :

— C'est M. Durand avec sa nièce... Dors donc!

Quand elle a apporté mon grog dans un grand verre à pied, j'ai eu envie de lui demander pourquoi elle appelait Brassac « M. Durand ». Mais je ne l'ai pas fait parce que je n'avais pas envie de parler. Avec les vieux, quand on commence à bavarder, ça n'en finit jamais.

J'étais toujours aussi lasse, mais je n'avais plus sommeil. Pour passer le temps, je me suis mise à regarder la salle de ce café. A part les tables de marbre, les chaises mal commodes et le petit comptoir, elle était meublée un peu comme un appartement. Je n'ai pas l'habitude de ces bistrots de campagne et il me semblait que j'étais en visite chez une vieille parente. C'est d'ailleurs curieux car je ne suis jamais allée en visite chez une vieille parente pour la bonne raison que je n'en ai pas.

Brassac n'est pas resté absent très longtemps. Une voiture s'est arrêtée devant la porte, et il est entré suivi d'un petit homme d'une trentaine d'années, vêtu d'une combinaison de mécanicien, coiffé d'une casquette sale et qui avait un visage en lame de couteau avec une moustache noire très mince. Il avait l'air d'un voyou et s'est mis à me regarder de la tête aux pieds. Brassac lui a demandé ce qu'il voulait boire.

— Comme vous, monsieur de Brassac.

En prononçant ces mots, le petit homme avait eu un sourire en coin auquel il m'a semblé que la vieille répondait par un clin d'œil. Brassac a commandé un pot. J'étais toujours assise à la même place. Accoudés au zinc, les deux hommes me regardaient. Derrière le comptoir, la vieille demeurait immobile, un peu voûtée, les deux mains cachées sous son châle de laine noire. Elle avait un visage de morte, mais ses petits yeux ne cessaient pas de bouger. Son regard volait comme une mouche, allait du voyou à Brassac pour venir ensuite se promener sur moi. Le voyou avait vidé son verre, Brassac le restant de la bouteille et je pensais déjà que nous allions sortir quand la vieille a demandé :

— Alors, comme ça, elle vient en vacances chez vous, votre nièce?... L'air d'en haut lui fera du bien, elle est pâlotte.

Brassac s'est dressé de toute sa taille. Il a toisé un moment la vieille puis le jeune homme avant de dire :

— Vous n'y êtes pas, la mémée. Vous connaissez pas Brassac. Cette petite, elle vient de perdre sa mère, elle a plus personne. Alors je l'ai adoptée.

Ensuite il s'est embarqué dans une phrase compliquée dont je n'ai aucun souvenir et qu'il n'a d'ailleurs pas pu terminer. Le petit homme baissait la tête pour rire. Quant à la vieille, elle regardait drôlement mon corsage rouge par l'échancrure de mon manteau de fourrure. Le petit homme ne voulait plus boire, mais Brassac s'est fait servir encore deux grands verres de vin qu'il a bus très vite. Quand il a dit au revoir à la vieille, il ne pouvait presque plus articuler.

Une fois dehors, il s'est retourné brusquement pour bredouiller :

— Oh! la mémée, donnez-moi un pot pour la route... Le petit vous rendra la bouteille.

Puis il s'est installé devant à côté du chauffeur tandis que je montais derrière.

La voiture était une vieille Rosalie qui tanguait beaucoup. Je regardais la route éclairée par les phares. Ce n'était qu'une suite de virages bordés de gros arbres ou donnant sur des ravins noirs dont je ne voyais pas le fond. Brassac portait de temps en temps la bouteille à sa bouche et s'arrêtait de boire pour injurier les cahots.

Quand nous sommes arrivés sur le replat, l'homme a ralenti, puis s'est arrêté en disant :

— Je vous laisse là; j'ai pas envie de casser un ressort.

Brassac, qui bafouillait de plus en plus, a demandé combien il devait. L'homme a dit un prix. Brassac a payé et nous sommes descendus. Debout au bord de la route, nous avons regardé la voiture faire demi-tour. Au moment où elle démarrait, Brassac a lancé :

— Oublie pas la bouteille... pour la mémée.

L'autre s'est penché pour crier :

— D'accord, monsieur Durand!

Brassac s'est mis à mâchonner des injures en direction de la voiture, mais le feu rouge disparaissait déjà derrière les arbres.

La nuit me semblait de plus en plus épaisse. Seule, je n'aurais pas pu faire un pas, mais Brassac m'avait repris la main et me tirait dans un sentier. La terre était dure, mes pieds glissaient dans des ornières et je devais à chaque instant m'agripper au bras de l'homme pour ne pas tomber. Bientôt il s'est arrêté. Il a lâché ma main et au bruit qu'il faisait j'ai compris qu'il ouvrait une barrière de bois. Aussitôt un chien a gémi doucement et s'est mis à me flairer les jambes. Brassac a grogné. Le chien s'est éloigné. Une fois la porte refermée, nous nous sommes remis à marcher sur un sol encore plus inégal. A plusieurs reprises j'ai dû m'arrêter tant j'avais mal aux pieds. Alors, Brassac m'a prise par la taille pour m'aider, mais je sentais qu'il n'était plus très sûr de son équilibre. Après quelques pas, avec beaucoup de difficultés il est arrivé à dire :

— Ça te semble drôle, hein, que je ne sois pas un homme comme les autres?

Encore quelques pas, puis il a ajouté :

— Pourtant, moi aussi j'ai de quoi... Et je sais m'en servir.

Il a hésité un peu, puis il s'est arrêté et m'a attirée contre lui d'une main tandis que de l'autre il tentait de relever mon manteau.

— Et nom de Dieu, c'est pas l'envie qui m'en manque!

J'ai pu me dégager en le repoussant. Alors, il m'a repris la main en bégayant :

— Excuse-moi, petite... Tu comprends... J'ai un peu bu.

Je ne sais pas très bien pourquoi je l'ai repoussé. Sans doute à cause de ma fatigue et parce que j'avais de plus en plus envie de me coucher. Sur le moment, je n'ai pas compris pourquoi il s'excusait. Il n'avait pas à le faire. Après tout, il avait payé d'avance.

Nous avons repris notre route. Mes jambes ne me portaient plus. S'il n'y avait pas eu le bruit du vent dans les arbres, je me serais laissé tomber sur le talus pour pouvoir m'étendre.

Enfin, loin devant nous, j'ai aperçu une fente très mince de lumière. Brassac l'a vue aussi. Il a marmonné :

— Evidemment, la vieille n'est pas encore couchée.

2

Devant la maison, nous nous sommes arrêtés. Le chien nous avait rejoints. Je sentais son souffle tiède sur mes mollets. Un instant, Brassac a semblé hésiter. Puis il a dit au chien d'aller se coucher, et, aussitôt, d'un coup il a ouvert la porte toute grande. La lumière m'a surprise. J'ai fermé les yeux et ne les ai rouverts que lorsque l'homme m'a poussée devant lui en me disant d'entrer.

J'ai fait quelques pas. Derrière moi la porte a claqué très fort. Mes yeux se sont habitués assez vite à la lumière et la première chose qui m'a frappée, c'est la grandeur de la pièce. J'étais beaucoup plus seule ici que dans la nuit. Dehors, on ne voyait rien, ici, tout ce que je regardais me semblait très loin de moi.

La pièce était rectangulaire. Les coins restaient dans l'ombre. Je ne comprends pas pourquoi j'ai commencé par examiner chaque objet avant de regarder la femme qui se trouvait debout immobile à côté de la cuisinière.

Cette femme, c'est sa main que j'ai vue d'abord. Je regardais la grosse cuisinière, haute sur pattes. Et la main de la femme serrait la barre de cuivre. Une main large et épaisse, très brune, avec des doigts boudinés, le poignet rond sortait d'une manche de toile bleue, presque noire. D'habitude je ne m'attache pas aux détails et je me demande pour quelle raison tout est demeuré si précis en moi.

C'est seulement lorsque Brassac s'est mis à parler que j'ai regardé le visage de la femme. Un visage rond et sans rides. Ses yeux étaient fixés sur moi, et pourtant, il ne m'a pas semblé qu'elle me regardait vraiment.

Je ne me souviens pas des premières paroles de Brassac. Je ne crois pas qu'il ait parlé très fort mais sa voix a empli toute la pièce en résonnant drôlement. A ce moment-là, je n'entendais pas le vent au-dehors, mais j'avais encore la tête pleine du craquement des grands arbres.

En parlant, Brassac s'était approché de la table. Il est resté un instant immobile, le front à la hauteur de la lampe. La lumière de l'ampoule électrique lui faisait un visage sans ombre, très dur. Il a tiré une chaise et s'est assis lourdement en grognant. Puis, se tournant à demi, il m'a dit :

— Allons, petite, viens t'asseoir, on va bouffer.

Il a marqué un temps et, désignant la femme d'un mouvement du menton, il a ajouté :

— C'est la Marie. C'est ma femme... Elle est emmerdante, mais pas mauvaise.

Il parlait lentement. Il cherchait ses mots et s'appliquait à ne pas bégayer. Comme je ne bougeais pas, il a repris plus fort :

— Alors, tu viens, oui!

Sans réfléchir, sans penser que la nuit était là, de l'autre côté de la porte, j'ai murmuré :

— Je vais m'en aller.

Alors, Brassac a été secoué d'un gros rire qui s'est prolongé longtemps avant de s'achever en une quinte de toux. Il était devenu très rouge et s'est levé pour aller cracher dans le foyer de la cuisinière. La femme s'est écartée pour le laisser passer.

Lentement, je m'étais approchée de la table. La femme a paru réfléchir un instant puis elle m'a dit :

— Asseyez-vous... madame.

Brassac s'était installé de nouveau sur sa chaise. Les deux coudes sur la table, il est resté un moment à chercher son souffle puis il a lancé :

— C'est pas une dame, c'est une putain.

Et il s'est remis à rire.

C'est vrai, je suis une putain. Je n'en avais jamais eu honte, mais à ce moment-là j'ai senti mon visage devenir très chaud.

Haussant les épaules, la femme m'a priée de ne pas faire attention. Sa voix, comme son regard, était sans expression.

— Quoi, pas attention! Tu vas peut-être dire que je suis saoul?

J'ai sursauté. Tout en criant, Brassac venait de frapper la table du plat de la main. Il a fixé la femme un temps, puis, comme elle ne répondait pas, il a continué :

— Eh bien, oui, je suis saoul... Bourré à bloc... Et tu peux demander à la môme, j'y ai mis le prix!

Là, il s'est retourné vers moi.

— Comment tu t'appelles déjà?

— Simone.

— Bon, Simone... c'est ça... Et alors qu'est-ce que t'attends? Dis-lui ce que tu fais dans la vie... Tu vois bien qu'il faut lui mettre les points sur les *i*. Avec elle, c'est comme ça... Tu sais, elle est pas mauvaise, ma vieille, mais elle a pas inventé l'eau tiède.

Il s'est remis à rire. Toute la pièce vibrait de ce rire énorme et rocailleux. J'évitais de bouger. J'évitais de regarder la femme, mais je sentais que ses yeux ne me quittaient pas. Je n'avais plus sommeil. Mais mon corps s'était engourdi et je crois que c'était seulement ma fatigue qui dormait. Pourtant, je ne pouvais pas réfléchir. Le rire de Brassac résonnait dans ma tête où bourdonnait encore la colère du vent de nuit.

De temps à autre une bourrasque plus forte que les autres secouait la porte derrière moi ou les volets de la fenêtre qui se trouvait sur ma droite, dans la partie la plus sombre de la pièce. En entrant, je n'avais pas fait attention à la température mais, maintenant, je sentais qu'il faisait chaud. La cuisinière semblait dormir et pourtant, c'était d'elle que venait cette chaleur. Son petit œil rouge tremblotait. Elle ronflait doucement, avec des gémissements quand le vent redoublait. A ce moment-là j'ai eu une impression bizarre. Il me semblait que nous étions quatre dans la pièce : nous trois et ce gros fourneau. Je sais bien que c'est idiot mais ce qui comptait le plus pour moi, c'était le fourneau.

Je n'avais pas répondu à la question de Brassac. J'ai encore sursauté quand il a toussé très fort avant de crier :

— Alors, tu lui expliques, oui! Sinon elle va croire que je débloque... Je suis saoul. Parfaitement... Seulement, vous saurez que même plein comme une vache, Brassac débloque jamais! Allez, Simone, dis-lui...

Je sentais qu'ils continuaient de me regarder tous les deux. J'ai baissé davantage la tête. Sans élever la voix, la femme a dit :

— Tais-toi, Léandre. Tu es dégoûtant.

— C'est bon; puisque j'ai rien le droit de dire, je la boucle... Mais c'est pas une raison pour nous laisser crever de faim.

La femme a commencé de disposer deux couverts. En passant près de moi elle m'a demandé si je voulais enlever mon manteau. Comme elle m'avait appelée mademoiselle, Brassac s'est mis à crier. Il gesticulait en répétant que je m'appelais Simone et que je n'étais pas une demoiselle, mais une putain. La femme ne prêtait plus aucune attention à ses paroles. Elle venait de mettre une casserole sur le feu et d'apporter sur la table la moitié d'un jambon cru. Je me suis rappelé alors qu'au moment de ma rencontre avec Brassac, j'étais venue chez Jo pour acheter des sandwiches. Je n'avais rien pris depuis mon petit déjeuner. Le sommeil et la fatigue m'avaient fait oublier ma faim, mais de voir ce beau jambon bien rouge, j'ai eu de nouveau envie de manger.

Plantée devant son fourneau, la femme surveillait la casserole. Son dos était large et voûté. On la devinait grasse sous son corsage qui la serrait un peu. Son cou était très court avec un bourrelet. Ses cheveux étaient relevés en une espèce de chignon mal fait.

Quand elle s'est retournée, nos regards se sont croisés et je crois bien qu'elle a essayé de sourire. Elle a posé sa casserole fumante devant moi en me disant de me servir. Je me suis aperçue alors que Brassac s'était endormi, les coudes écartés, la joue à même la table et le visage tourné de mon côté. Il n'était pas vraiment vilain, mais sa bouche entrouverte lui donnait l'air idiot.

Comme la femme avançait la main vers lui, j'ai dit doucement :

— Vaudrait peut-être mieux le laisser dormir.

— Non, il se réveillera dans un moment et il faudra faire réchauffer la soupe.

En disant cela, sans brutalité elle l'avait secoué. Il a soulevé la tête et cligné des yeux hébétés puis, en me voyant, il s'est remis à rire. Il a fait une grimace en direction de la casserole, et, après avoir regardé sa femme, il s'est levé lentement. Une fois debout il a vacillé un moment. Ses yeux allaient de la casserole au visage de sa femme. Enfin il s'est dirigé vers la porte. Une fois là-bas, il s'est retourné et s'est frappé la poitrine d'un grand geste en disant :

— Moi, Antonin de Brassac, je suis au-dessus de ça. Vous entendez... au-dessus de ça.

Il se frappait toujours la poitrine. Il semblait

chercher autre chose à dire. Puis d'un seul coup, criant très fort, il a repris :

— Au-dessus de ça, vous entendez!... La petite, elle couchera dans un lit... Moi, je vais au foin.

Et il est sorti. Je l'ai entendu passer devant la fenêtre. Il chantait mais le vent ne permettait pas de saisir ses paroles.

En le voyant sortir, sa femme avait eu un haussement d'épaules et un soupir. Revenue près de la table elle a bougonné :

— Un costume qu'il a mis deux fois... Si c'est pas un malheur.

Puis elle m'a dit de manger pendant qu'elle monterait préparer mon lit. Quand elle a quitté la pièce, j'ai remarqué que son visage exprimait enfin quelque chose. Un peu comme une vive contrariété. Et j'ai pensé que c'était probablement à cause du costume.

Mais je n'ai pas réfléchi bien longtemps. Je me suis mise à manger parce que j'avais vraiment très faim et que ce jambon me faisait envie.

3

Ce matin il faisait encore nuit quand je me suis éveillée. Je n'ai pas cherché où je me trouvais. Je me suis d'abord demandé pourquoi je m'éveillais si tôt, moi qui ai l'habitude de dormir jusqu'à 10 heures passées même dans un mauvais lit. Or, celui-ci était très bon. Je suis restée longtemps immobile, à prêter l'oreille avant de comprendre que c'était le silence qui m'avait réveillée. Chez moi dès le matin, il y a les bruits de la rue. Dans les hôtels aussi, avec le va-et-vient des clients et du personnel. Le vent ne courait plus. Le silence entourait la maison. Le silence et l'obscurité.

Alors, brusquement, j'ai revu la scène de la veille. Le train, la nuit, l'homme et la femme; et aussi la grande pièce avec la cuisinière.

Et tout de suite j'ai pensé à Marcel. J'ai compris en même temps que sans le vouloir je m'étais sauvée de Lyon. Que j'avais fait une chose que peut-être aucune n'a jamais osé faire.

Je n'avais pourtant jamais pensé à m'en aller.

Ma première idée a été de me lever tout de suite et de partir pour essayer d'être à Lyon avant le jour. Et puis, en réfléchissant mieux, je me suis rendu compte que c'était inutile. Il me suffirait d'arriver vers les midi.

Un coq s'est mis à chanter, très loin, puis un autre tout près. Je me suis dit que le jour allait bientôt venir. Et de nouveau j'ai eu envie de m'habiller à tâtons et de sortir sans bruit. Non plus à cause de Marcel, mais parce que je ne tenais pas à me retrouver devant cette femme.

Je me suis demandé encore ce que l'homme allait penser une fois dessaoulé.

Pourtant je n'ai pas bougé.

Je m'étais couchée nue et je me trouvais bien. Les draps étaient doux, il y avait une bonne chaleur tout autour de mon corps. J'aime bien me trouver seule dans un lit, le matin, avec beaucoup de temps devant moi. Là, je me dis qu'il était peut-être à peine 5 heures et que ces gens n'avaient aucune raison de me déranger avant 10 ou 11 heures.

Je me suis étirée, puis, pour profiter encore davantage de ce bon lit, je me suis retournée et j'ai enfoncé mon visage dans l'oreiller.

La toile était parfumée. Je ne m'en étais pas encore aperçue. J'ai respiré à petits coups, plusieurs fois de suite. Il y avait, bien sûr, le parfum de mes cheveux, mais un autre aussi, très différent et qui ne me semblait pas inconnu.

J'ai rampé un peu sur le côté vers un endroit où je n'avais pas posé la tête. De nouveau j'ai respiré à petits coups, puis plus lentement. Et j'ai éprouvé alors, pendant un très court instant, la sensation bizarre d'avoir déjà respiré exactement ces mêmes bouffées d'air. Je me suis dit que c'était impossible et j'ai voulu ne plus penser à rien. J'y suis parvenue. Je crois d'ailleurs que j'étais sur le point de me rendormir quand j'ai soudain reconnu ce parfum.

Sur le coup, je crois bien que j'ai sursauté.

Et puis, je suis restée un long moment sans force. Je me sentais comme emplie de choses qui venaient de très loin. Du fond de ma mémoire.

Et c'était à cause d'une odeur, simplement, que je les retrouvais.

Une odeur que je venais de reconnaître d'un seul coup.

Alors, pendant un temps, j'ai respiré de toutes mes forces, presque malgré moi, presque à m'en saouler, ce parfum des plantes des champs que les femmes de la campagne mettent dans leurs armoires.

J'avais oublié le nom de ces plantes, mais leur forme, leur couleur étaient là, devant moi. C'étaient de ces plantes sèches, d'un vert grisâtre, avec des feuilles toutes recroquevillées qui crépitent quand on les touche comme un feu de brindilles en s'éparpillant sur des piles de draps blancs.

De belles piles de draps bien pliés, des piles de torchons à raies rouges, du linge brodé aussi sur le rayon du milieu.

L'armoire avait deux portes. Deux portes qui grinçaient quand on les ouvrait doucement.

J'ai senti que j'allais avoir mal. Que j'étais en train de faire une bêtise. Mais il était trop tard. Tout ce monde lointain s'était déjà mis à remuer au fond de moi.

Maintenant, les portes de l'armoire s'étaient refermées. Les piles de draps ne laissaient plus couler leur parfum dans la chambre. Mais les veines du bois dessinaient dans l'ombre deux visages de monstre. J'en retrouvais chaque ride, chaque verrue avec une précision inouïe.

Quelque chose me disait que j'avais eu tort de chercher, durant des années, à me débarrasser de ces souvenirs. Mais je ne voulais pas y penser.

Seulement quand des mains de vieille femme sont venues se poser sur les panneaux de l'armoire, j'ai cru que j'allais crier. Je me suis assise sur le lit. J'ai essayé de penser au jour qui allait venir. A la route. Au train qu'il faudrait prendre. A Lyon. A mon travail. Et aussi à Marcel qui rentrera samedi.

Puis, quand j'ai senti le froid, je me suis recouchée.

J'ai dû rester longtemps ainsi, à moitié engourdie.

Quand j'ai rouvert les yeux, le plafond était tout gris de lumière. Du regard, j'ai suivi chaque craquelure, chaque tache. Et j'ai pensé alors qu'il ne m'était jamais arrivé d'examiner de la sorte le plafond de ma chambre ni celui des chambres d'hôtel où je couche souvent.

Bien sûr, ce plafond-là n'était pas pareil. Il était un peu comme l'odeur de ce lit.

J'avais peur, et je me sentais vraiment seule.

Et puis, lentement, tout ce qui m'avait effrayée s'est transformé en une espèce de brouillard dans lequel il me semblait que l'on devait être bien. On devait pouvoir s'y reposer tranquillement.

Au fond, si quelqu'un était alors entré dans la chambre pour m'annoncer que j'étais condamnée à demeurer éternellement couchée dans ce lit, à regarder ce plafond, je crois que je n'aurais pas protesté. Je n'aurais plus rien eu à faire. Je n'aurais pas eu besoin de penser mais j'aurais tout de même pu vivre en profitant bien de la chaleur de ce lit très doux.

Plusieurs heures ont dû s'écouler sans que je fasse le moindre mouvement.

Seulement, quand j'ai entendu des pas résonner sous la fenêtre, j'ai sursauté. Ce moment de repos m'avait entraînée plus loin de la réalité que ma nuit de sommeil. Je m'étais vraiment crue seule et ce bruit de pas me rappelait que deux personnes vivaient là. C'était peu en comparaison du nombre d'hommes et de femmes que je côtoie chaque jour en temps normal, mais j'ai compris pourtant qu'il me serait plus pénible de retrouver ces deux personnes que de revoir tous les gens que je fréquente chaque jour à Lyon.

Les pas se sont arrêtés et on a frappé très fort contre la porte du bas. Presque aussitôt j'ai entendu cette porte s'ouvrir et se refermer, puis un murmure confus. Bientôt j'ai reconnu la voix de Brassac. Il devait crier.

La femme, je l'entendais à peine. Ils n'ont pas parlé longtemps. La porte s'est rouverte puis elle a claqué si fort que les vitres de ma fenêtre ont vibré. Un pas très lourd qui ne pouvait être que celui de Brassac s'est éloigné de la maison tandis qu'un chien se mettait à pleurer doucement. Il m'a même semblé que plusieurs chiens pleuraient. Alors, Brassac est revenu. Il y a eu des aboiements joyeux, puis le silence a repris sa place autour de la maison.

Quelques minutes plus tard la porte s'est

ouverte et refermée encore une fois et un autre pas a résonné. D'un bond je suis sortie de mon lit pour courir jusqu'à la fenêtre. L'œil collé à la vitre, j'ai pu voir, entre les lattes des persiennes, la femme qui s'éloignait.

Je me suis habillée très vite. J'ai pris mon sac et je suis sortie de la chambre. Confusément, je sentais qu'il fallait que je quitte cette pièce sans me retourner.

Quand je suis arrivée dans la cuisine, je ne savais pas encore bien ce que j'allais faire. Je sentais pourtant qu'il fallait à tout prix profiter de l'absence de Brassac et de sa femme pour me sauver.

Mon regard a fait rapidement le tour de la pièce à la recherche d'une glace. Il y en avait une accrochée près de la fenêtre. Je me suis regardée et, sur le coup, j'ai éprouvé l'impression curieuse de me trouver en face d'une autre personne. Cela n'a duré qu'un instant et j'étais trop pressée pour chercher d'où venait cette sensation. Mes cheveux étaient en broussaille et je ne pouvais pas partir sans me coiffer. Je voulais me maquiller aussi. Toujours très vite j'ai cherché mon peigne et mon tube de rouge dans mon sac.

J'étais prête, mon manteau enfilé, quand la porte s'est ouverte. Je n'avais rien entendu. La femme est entrée. Elle m'a regardée comme elle l'avait déjà fait hier sans que son regard n'exprime rien. Puis elle s'est avancée et m'a dit bonjour. J'ai répondu. Elle m'a demandé :

— Qu'est-ce que vous faites, vous partez?

J'ai fait oui de la tête en me demandant si je devais la remercier, mais elle ne m'en a pas laissé le temps.

— Il ne faut pas partir comme ça.

— Si, il faut que je parte.

Ma voix n'était pas très assurée.

— Non, il faut que vous restiez.

— Mais je n'ai aucune raison de rester chez vous.

La femme a hésité un moment et plissé légèrement le front comme si ma réponse l'avait mise dans une situation réellement embarrassante, puis elle a dit :

— Si, il faut rester. Autrement... Autrement il croira que je vous ai fait partir.

— Mais non, puisque c'est moi qui veux m'en aller.

— Oui, mais il ne me croira pas.

J'ai réfléchi un instant avant de demander où Brassac se trouvait.

— Je ne sais pas, m'a-t-elle dit. Il est aux champs, mais il ne m'a pas dit à quel endroit.

Son front avait maintenant le même pli que lorsqu'elle s'était inquiétée pour le complet de son homme. Elle a joint un instant ses grosses mains avant de les frotter sur son tablier en disant :

— Restez au moins jusqu'à midi, pour qu'il voie bien que je ne vous ai pas chassée.

Je n'ai pas répondu mais j'ai posé mon sac et mon manteau. Alors, la femme a semblé soudain soulagée d'un gros poids. Elle s'est mise à circuler de son placard à son fourneau en me disant qu'elle allait me donner à déjeuner du lait de sa vache. Du bon lait tout frais!

4

La femme m'a servi un grand bol de café au lait. Elle m'a donné du pain, du beurre et du miel. Puis elle est sortie. Auparavant elle m'avait fait promettre de ne pas m'en aller avant le retour de son homme. Sa voix était toujours douce et égale, son œil terne, mais il me semblait pourtant qu'elle était sincère et désirait vraiment que je reste.

Une fois seule j'ai mangé. Je n'avais pas bien faim, mais tout ce qu'elle m'avait donné était tellement bon que j'ai tout de même mangé beaucoup. Le pain était large avec une croûte brune et épaisse. Le miel était clair et parfumé, le lait crémeux et le beurre en grosse motte était posé sur une assiette verte où étaient dessinées des feuilles. Tout était nouveau pour moi et différent de ce que je mange en ville habituellement. Tout était bon et j'avais un peu l'impression de jouer.

Pourtant, à mesure que je mangeais, il me semblait que je connaissais déjà ce jeu. Et, bientôt, j'ai compris que ce qui s'était passé pour l'odeur des draps et les fentes du plafond allait encore se renouveler.

Seulement, moi je ne sais pas me priver d'une satisfaction. Je me laisse toujours aller au plaisir du moment, même si je dois le payer très cher ensuite. J'ai donc mangé encore trois tartines puis j'ai vite pris une cigarette dans mon sac et je l'ai allumée. D'abord parce que j'avais envie de fumer et puis, le tabac, c'est quelque chose de ma vie à Lyon.

Pendant un bon moment, j'ai fait tout ce que j'ai pu pour ne pas penser. Pour ne pas regarder autre chose que la fumée de ma cigarette. Je soufflais cette fumée tout doucement, pour qu'elle reste près de moi. Mais, malgré tout, elle s'éloignait et je la suivais des yeux.

De cette façon, j'ai fini par regarder tout ce qu'il y avait dans la pièce.

Les meubles et tous les objets étaient trapus et lourds. Le silence aussi était lourd.

Je n'étais pas à mon aise. Il me semblait que les meubles me regardaient. Ils ressemblaient à ces gros chats qui font semblant de dormir mais dont le regard coule pourtant sans cesse entre les paupières presques closes. Réellement, j'étais gênée par leur présence. Tout en me répétant que c'était idiot, je les sentais me regarder, puis se regarder entre eux pour se communiquer leurs impressions ou s'interroger sur mon compte. Quant à moi, il me semblait vraiment que je les reconnaissais.

Moi qui n'aime pas la lutte, j'ai alors voulu

me dégager coûte que coûte. J'ai quitté ma chaise, j'ai marché vers le gros bahut ventru. Je l'ai touché. Mes mains ont couru sur le bois lisse. Maintenant, je n'étais plus à moitié endormie dans une pièce obscure. Il faisait clair. J'avais les idées plus nettes. Et je n'étais pas folle.

Bien sûr, ce n'était pas dans ce vieux bahut que j'avais rangé autrefois les assiettes ébréchées de ma grand-mère; et pourtant, plus je le regardais plus il me semblait que je l'avais déjà vu.

Malgré moi, je me suis accroupie devant lui pour retrouver ma taille de petite fille et voir les portes, les grosses ferrures comme je les voyais du temps de ma grand-mère. J'étais de plus en plus troublée. S'il n'y avait eu que ce bahut, il aurait suffi de lui tourner le dos. J'y ai songé d'ailleurs, mais déjà ce simple geste de bouder me semblait venir tout droit de mon enfance, et puis, il n'y avait pas que ce meuble qui m'attirait, mais tout ce que contenait cette pièce.

J'ai entrepris d'en faire le tour en m'arrêtant longtemps devant chaque meuble. J'en étais à caresser le dessus patiné d'un vaisselier encombré de bibelots quand j'ai eu soudain l'impression d'une présence. Me retournant brusquement du côté de la fenêtre, j'ai vu que la femme m'observait depuis la cour. Elle est partie aussitôt et je suis restée sans bouger, un peu bête et ne sachant plus quoi faire. Des sabots ont sonné contre le seuil et la femme est entrée très lentement. Elle m'a regardée longtemps avant de dire à voix presque basse :

— Faut pas croire... Je voudrais pas que vous croyiez...

— Que vous me surveillez?... C'est votre droit. Vous êtes chez vous et vous savez qui je suis.

Parce que j'étais agacée, j'avais parlé très fort. Timidement la femme s'est avancée. Elle avait joint ses grosses mains sur son ventre et se tortillait les doigts comme font les gosses qui ne savent pas une leçon. Je la trouvais ridicule. Elle ne savait que répéter :

— Non, mademoiselle, faut pas vous figurer. Faut pas...

Au fond, je crois que ce qui m'énervait le plus, c'était de ne jamais pouvoir deviner ce qu'elle pensait. Pour éviter une discussion, je me suis retournée en haussant les épaules. Et tandis que je marchais vers la fenêtre, elle continuait de débiter toujours sur ce même ton pleurnichard qui m'agaçait :

— Vous croyez que je pense du mal de vous? Je vous assure, c'est pas vrai. J'ai pas cru un mot de ce qu'il m'a dit; hier soir il était saoul et ce matin il était en colère.

J'étais curieuse de savoir ce que l'homme avait pu dire une fois dessaoulé. Je me suis retournée et j'ai demandé :

— Ce matin, il vous a parlé de moi?

— Oui.

— Et il vous a répété ce qu'il vous avait dit hier?

Elle a hésité un moment puis elle s'est remise à se tordre les mains.

— Oui, mais je sais bien que c'est pas vrai.

— Et qu'est-ce que vous croyez donc que je suis?

— Je ne sais pas. Mais pas... ce qu'il dit.

Ses yeux semblaient toujours aussi vides, mais le mouvement gauche de ses mains m'agaçait moins. Il avait quelque chose d'attendrissant. J'avais depuis un moment envie de crier : « Si, je suis une putain. Une vraie. Et après! Faut bien bouffer! C'est un métier comme un autre! » Je n'ai pas pu. J'ai dit simplement :

— Pourtant, c'est vrai.

Ses mains se sont immobilisées un instant avant de recommencer leur manège. La femme avait légèrement baissé la tête. Elle devait chercher quelque chose à dire. Enfin, elle s'est décidée.

— Ça ne fait rien. Ce n'est pas une raison pour vous figurer que je vous surveille.

Je voyais bien qu'elle avait quelque chose à ajouter. Elle ne devait pas savoir comment s'y prendre. Moi, je finissais par la trouver vraiment bête. Pour en finir, j'ai demandé :

— Mais alors, pourquoi vous me regardiez?

— Ça faisait un bon moment que je vous regardais... Quand vous touchiez le bahut, on aurait dit que vous étiez moins triste.

Après avoir parlé, la femme m'a observée un instant. Elle paraissait effrayée. Elle est d'ailleurs partie brusquement, exactement comme si je l'avais menacée.

5

Moi, j'avais promis d'attendre jusqu'à midi. Alors, je me suis assise près de la fenêtre sur une chaise basse assez commode. J'étais bien et je n'avais aucune raison de bouger.

Quand la femme est revenue, elle s'est mise à préparer son repas. De temps à autre je tournais la tête vers elle pour voir ce qu'elle faisait. A deux ou trois reprises nos regards se sont croisés et, chaque fois, j'ai eu l'impression qu'elle essayait de sourire.

Il ne devait pas être loin de midi quand des souliers ferrés ont raclé le seuil. La porte s'est ouverte et une bande de chiens a envahi la pièce. Ils couraient en tous sens, flairant le sol et bousculant les chaises. Après une minute de ce manège ils sont tous venus autour de moi. Plus hardi que les autres, un grand chien à poil grisâtre et raide a posé ses pattes de devant sur mes cuisses puis, avant que j'aie pu faire un geste, il m'a passé plusieurs fois sa langue sur la figure.

Brassac a crié quelque chose que je n'ai pas compris et, aussitôt, les chiens ont filé jusqu'à ses pieds. Revenue de mon étonnement, je me suis mise à rire.

Brassac s'est approché en me tendant la main. Il m'a dit bonjour et m'a demandé si je n'avais pas eu peur. J'ai répondu que j'aimais beaucoup les chiens et que j'avais seulement été un peu surprise.

Comme les bêtes s'étaient de nouveau approchées de moi, je me suis baissée pour les caresser. En réalité, il n'y en avait que cinq, mais c'était leur façon brutale d'entrer qui m'avait fait croire à une véritable meute. Déjà Brassac s'était mis à me les présenter.

— Ce grand corniaud qui vous a lavé le nez, c'est Brutus. Le plus emmerdant mais le plus affectueux de tous. Seulement, faut se méfier, il fait dans les quarante kilos et il vous foutrait par terre comme rien. La petite noire à poil ras qui vous flaire les pieds, c'est Diane; bien brave aussi mais plus craintive. Bob, le gros courtaud qui a la gueule d'un boxer, c'est le meilleur gardien.

Brassac m'a expliqué aussi que Mikie, la petite chienne noire et blanche, était un vrai terrassier. Quant au vieux Dik, c'était celui qui se trouvait dehors hier soir, lors de notre arrivée.

Sans s'occuper de nous, la femme avait disposé trois couverts. Nous nous sommes mis à table et, tout en mangeant, Brassac continuait à parler de ses chiens. Il parlait toujours très fort avec beaucoup de gestes. Mais, comme j'aime beaucoup les chiens, ce qu'il disait m'intéressait et je ne prêtais plus attention à sa façon de parler. Même sa taille monumentale ne m'étonnait plus. Au contraire, tout, dans cette cuisine, semblait fait à sa mesure. Moi, je ne parlais pas et je l'écoutais vraiment avec beaucoup de plaisir. A un moment donné il m'a dit :

— Vous verrez, ils ne mettront pas longtemps à vous adopter. Même la petite Diane. Les bêtes savent bien reconnaître les gens qui les aiment.

Et je n'ai pas été surprise de l'entendre dire ça.

En achevant cette phrase il s'était tourné vers sa femme. Occupée à retirer un plat du four de sa cuisinière, elle n'avait pas pu voir la grimace qu'il lui avait adressée. Pourtant, quand elle s'est retournée avec son plat fumant elle a dit :

— Léandre croit que je ne les aime pas parce que je les caresse pas.

— Non, c'est parce que tu fais la gueule chaque fois que j'en ramène un nouveau.

— Bien sûr, si je l'écoutais, on en aurait des centaines à la maison. C'est que, il faut les nourrir.

— Ça ne te coûte pas cher avec Roger.

J'ai demandé qui était ce Roger et Brassac m'a dit que c'était le voisin. Il s'est tourné vers la fenêtre, et m'a montré une maison qu'on apercevait très loin, à moitié cachée par les arbres, de l'autre côté d'une vallée. Il paraît que ce Roger travaille à Givors; dans une usine de colle. Il fait, avec un camion, le ramassage des os dans toutes les boucheries de la région. Chaque semaine, il prélève un sac d'os sur son chargement, et, comme il a une moto, il l'apporte jusqu'ici.

Quand la femme a parlé du pain et des châtaignes qu'il faut ajouter pour faire la soupe des chiens, Brassac a élevé la voix. Alors, elle s'est remise à manger sans rien dire.

Durant tout le repas, Brassac n'a pas cessé de parler de ses chiens. De ceux qui sont là et de tous ceux qu'il a eus. Selon lui, les chiens valent mieux que les hommes. Il prétend aussi qu'aucun d'eux n'est méchant sans raison, et il se dit fort, lui Brassac, d'approcher sans courir aucun risque le chien de garde le plus terrible. Il n'a ni don particulier ni pouvoir magique. Il aime les chiens, c'est tout. Mais il les aime vraiment. Il aime d'ailleurs toutes les bêtes. Il a seulement une peur irraisonnée des reptiles mais ce n'est pas pour autant qu'il les tue. C'est plus fort que lui, il ne pourrait pas lever la main sur une bête. Comme sa femme faisait observer que c'était là une manie qui coûtait souvent très cher, il s'est récrié en disant que l'on ne paie jamais trop cher pour faire le bien.

— J'aime mieux acheter ainsi ma part de paradis et la tienne que de donner mes sous à un curé.

En ajoutant cette phrase il s'était mis à rire. Et comme hier son rire résonnait dans toute la pièce. Mais sa femme ne riait pas. Au contraire, elle semblait très fâchée quand elle a dit qu'elle n'aimait pas à entendre parler de paradis par un homme sans religion.

Mais Brassac avait l'air bien décidé à ne pas se fâcher. Et c'est lui qui m'a expliqué que lors de son arrivée ici il a dépensé une somme considérable pour clore une grande partie de ses terres.

Depuis, il peut interdire aux chasseurs d'y pénétrer et le gibier peut vivre en paix. Il déteste vraiment les chasseurs et s'est battu avec plusieurs d'entre eux. Quand il en parlait ses poings énormes se serraient, les veines de ses avant-bras poilus se gonflaient. Sa femme en a profité pour dire que ces dépenses-là aussi étaient bêtes. Et c'est elle qui a précisé que Brassac tapait toujours très fort. Trois fois il a été condamné à verser des dommages et intérêts et de fortes amendes. Brassac essayait de la faire taire. Mais je crois qu'en vérité il est très fier de ses exploits et content que je les connaisse. Au fond, je me demande si sa femme n'est pas, elle aussi, très fière de cette force. Toujours est-il qu'après la troisième condamnation il a acheté et planté des barrières. Il a également acheté un fusil, non pour chasser mais pour les chasseurs.

Moi je trouvais tout ça très bien et, en tout cas, très amusant à entendre raconter.

Le matin, quand j'étais restée seule dans la cuisine, je m'étais dit que je partirais au début de l'après-midi. Mais, tandis que Brassac parlait, j'avais regardé plusieurs fois du côté de la fenêtre. Dehors, il y avait un beau soleil. Avec tous ces arbres rouges et jaunes, on aurait presque cru que la forêt brûlait sur la colline en face. Au contraire, le haut, planté de pins, était très sombre. Après, c'était le ciel. Il était presque sans couleur.

Pendant que la femme préparait le café, j'ai senti que je m'engourdissais. La voix de Brassac s'éloignait. J'avais la même impression qu'au buffet de Perrache, mais, ici, il n'y avait pas d'autre bruit que la voix de Brassac.

Je crois aussi que ce n'était plus à cause de la fatigue que je me laissais aller à ce demi-sommeil. Non, c'était simplement par plaisir. Parce que ce plaisir était là et que je n'avais pas de raison de m'en priver.

Nous avons bu le café, puis Brassac s'est levé de table et m'a demandé si je voulais l'accompagner dans « ses terres ». Sans réfléchir j'ai fait oui de la tête et je me suis levée à mon tour. Comme nous allions sortir, la femme m'a fait remarquer que je ne pourrais pas marcher dans les champs, avec mes chaussures de ville. Elle m'a prêté des souliers à elle et, comme ils étaient trop grands, elle m'a prêté aussi une paire de chaussons en grosse laine.

Une fois chaussée, j'ai eu l'impression que je n'arriverais pas à marcher avec ces souliers sans talons. Je me sentais petite, et tout près du sol.

6

Brassac a posé trois sacs vides sur sa brouette et il s'est mis en route par un sentier qui descend vers le val que j'avais aperçu de la fenêtre. J'ai suivi à quelques pas. Pendant un moment les chiens ont fait les fous autour de nous, puis ils sont partis devant à la queue leu leu. Seul, le vieux Dik est resté sur les talons de Brassac. De temps à autre il s'arrêtait, tournait la tête vers moi puis se remettait à suivre son maître. J'avais l'impression qu'il était content de me savoir toujours là. En le voyant comme ça, je me suis rappelé ce que Brassac disait; à bien regarder, ce chien avait des yeux qui en disaient plus que ceux de la femme par exemple.

Le sentier est entré dans un bois de châtaigniers. Tous les arbres étaient gros et tordus. Ils avaient déjà perdu beaucoup de feuilles. Le sentier en était tout couvert. Dans certains tournants, elles étaient entassées et j'éprouvais bien du plaisir à enfoncer mes pieds dedans. A plusieurs reprises je me suis mise à rire toute seule; je traînais les pieds dans les feuilles, et, quand j'arrivais au bout du tas, je voyais sortir des gros souliers larges et carrés du bout. J'avais l'impression de marcher avec les pieds de quelqu'un d'autre. Dans ce bois, on ne sentait pas un souffle de vent et il y avait une odeur très forte. Je respirais. C'était agréable. Je ne me sentais pas dépaysée.

C'était peut-être comme pour le reste, mais ça ne me gênait pas.

Après avoir remonté longtemps à flanc de coteau, le sentier sortait de la châtaigneraie. Il continuait en s'élargissant sur un pré. Puis il finissait par se perdre dans l'herbe.

Brassac s'était arrêté. Je me suis approchée de

lui. Nous étions au sommet de la colline qui ferme le fond du val. La première chose que j'ai remarquée, c'est le ruisseau parce qu'il faisait comme un pointillé de soleil entre les bois et les prés.

Brassac m'a dit que le ruisseau sortait de terre juste en dessous de nous, au pied de la colline, entre deux troncs de châtaigniers. Ensuite, j'ai regardé à gauche mais, de cet endroit-là, on ne peut pas voir la maison de Brassac qui se trouve cachée par le bois. En revanche, on voit très bien celle du voisin, sur la colline de droite. Elle est basse et grise et construite dans un pré très en pente. Juste en dessous se trouve un bouquet de pins et on dirait qu'il est là pour empêcher la maison de glisser.

Brassac est resté longtemps sans parler. Il avait sorti son mouchoir et s'épongeait le front. Son souffle était saccadé. Il regardait la vallée. Quand il a eu fini de reprendre haleine, il m'a demandé si ce paysage me plaisait. J'ai dit que oui et j'ai tendu la main en direction d'une colline plus petite que les autres et qui avance vers le centre de la vallée. J'ai demandé à quoi peut servir cette construction qui se trouve au sommet, sous les pins. Brassac m'a expliqué qu'il s'agit d'une baraque en planches à moitié démolie. Puis il a ajouté :

— Ce que vous voyez de jaune, c'est un jeu de boules. L'herbe a pas encore trop gagné dessus, parce qu'on l'avait fait solide, avec un bon fond de roches.

Je devais faire une drôle de tête, car Brassac s'est mis à rire en disant :

— Ça vous surprend? Vous êtes pas la première. Tous ceux qui le voient n'en reviennent pas.

Et là il s'est passé quelque chose que je n'ai pas compris : le rire de Brassac s'est arrêté et son visage est devenu presque dur.

J'ai attendu un moment avant de le questionner de nouveau. Alors, comme si je l'avais réveillé brusquement, il m'a regardée avec des yeux étonnés. Il a hésité un moment puis il m'a dit :

— Faut que je remplisse mes sacs... Un jour, je vous expliquerai. Je vous expliquerai pour le jeu de boules et aussi pour la ferme là-bas.

J'ai regardé dans la direction qu'il m'indiquait. En effet, il y avait, cachée par les arbres, une maison dont on voyait un pan de mur et un bout de toit.

Je n'ai pas insisté. Je l'ai aidé à ramasser des châtaignes. Mais je me piquais les doigts et je n'allais pas vite. Son sac était déjà plein que le mien l'était à peine à moitié. Je n'ai pourtant pas trouvé ça ennuyeux du tout.

Enfin, à la tombée de la nuit, nous sommes rentrés, toujours avec les chiens qui nous avaient rejoints et couraient devant nous.

La femme nous attendait. Elle avait mis un couvert pour moi. Deux ou trois fois au cours du repas j'ai eu envie de parler de mon départ, et je n'ai pas pu. Je ne sais pas ce qui s'est passé; mais j'avais l'impression que c'était quelque chose qu'on ne pouvait pas dire là, comme ça, devant cette table, dans cette pièce, à ces gens-là.

Brassac nous a encore parlé de ses chiens. Moi j'ai raconté aussi des histoires de chiens. Puis il a fallu monter se coucher et j'ai retrouvé ce bon lit avec vraiment beaucoup de plaisir.

Maintenant, je sais qu'il faudrait que je réfléchisse à tout ça, que je prenne une décision pour mon départ, mais je crois que je le ferai demain parce que ce soir je suis encore trop fatiguée.

Cette nuit, je vais dormir seule dans ce bon lit. Et c'est un peu comme si j'allais dormir deux fois plus fort.

DEUXIEME PARTIE

7

Voilà plus de deux semaines que je suis ici et j'ai bien du mal à le croire. Parfois il me semble que je viens à peine d'arriver, mais, à d'autres moments, je suis comme si j'avais toujours vécu ici. De toute façon, je peux dire qu'il ne m'est jamais arrivé de trouver le temps long.

Il faut reconnaître aussi que les premiers jours j'étais à moitié endormie. Brassac disait que c'était le changement d'air. C'est vrai sans doute, mais il doit y avoir également ce silence auquel je ne suis pas habituée. Je sais pourtant qu'il me fait du bien, mais parfois, quand je me trouve seule, je sens comme un poids qui me coupe le souffle.

De l'endroit où se trouve la maison, on domine presque toute la vallée. C'est agréable et le paysage change à chaque heure du jour. Pourtant, on a un peu l'impression que le monde ne va pas plus loin que cette ligne formée par la cime des collines. Ça n'est pas plus triste qu'un autre coin, certainement, mais il doit falloir s'y habituer. Le soir, par exemple, surtout lorsque le ciel est couvert, on se sent tout de même un peu perdu. Et puis on ne voit jamais personne. Simplement, dimanche matin, alors que j'étais encore couchée, j'ai entendu un moteur de moto. Je me suis levée et, par les fentes de mes persiennes, j'ai aperçu un homme qui détachait un grand sac ficelé sur le porte-bagages de sa moto. J'ai pensé que c'était Roger, le voisin dont ils m'ont parlé plusieurs fois, alors, je me suis recouchée.

J'ai eu encore beaucoup à faire avec « mes rencontres ». Je veux parler de ces choses qui me rappellent mon enfance. Seulement maintenant, ce n'est plus pénible parce que j'y suis habituée et que je ne cherche pas à les éviter. J'ai compris que c'était inutile et puis, à vrai dire, ça ne m'est plus désagréable.

Autre chose que j'aime bien, c'est le soleil. C'est drôle, mais en ville on ne se fait aucune idée de ce que ça peut être. Et puis, de ne plus penser, peut-être que la peau est plus sensible. C'est en tout cas l'impression que j'ai eue.

Au fond, je me trouvais très bien comme ça et je crois que ça aurait pu durer longtemps sans l'arrivée de cette lettre de Marcel.

Bien sûr, je ne peux pas dire que je n'avais pas pensé à Marcel. Seulement, les premiers jours, comme j'étais vraiment endormie, je le voyais loin, perdu dans une espèce de brouillard, et j'avais l'impression qu'il ne pouvait rien contre moi. Après, quand j'ai vraiment réalisé, je n'ai plus rien osé faire. C'était trop tard. Je savais qu'en rentrant après plusieurs jours d'absence, ce qui m'arriverait serait terrible.

Et comme ça, j'ai laissé passer les jours. Et chaque jour je comprenais de plus en plus qu'il m'était impossible de rentrer.

Avant-hier, de très bonne heure, Brassac m'avait réveillée et nous étions partis tous les deux ramasser des châtaignes de l'autre côté du vallon. Le ciel était couvert et, vers les 11 heures, une petite pluie fine et serrée s'est mise à tomber. Nous sommes revenus très vite. Le bois sentait encore plus fort que de coutume et je n'ai pas trouvé le paysage triste sous la pluie. Les arbres mouillés brillaient. Les branches prenaient parfois la même couleur que le ciel. La boue collait les feuilles mortes et, deux ou trois fois, j'ai failli tomber. Je riais. Brassac, qui avait laissé sa brouette, rapportait seulement sur son épaule un demi-sac de châtaignes. Il était essoufflé mais il riait aussi de voir mes cheveux collés à mes joues. Les chiens trottaient devant nous, en file indienne. Ils avaient les pattes et le ventre crottés.

Dès notre arrivée Marie s'est affairée autour de moi en me répétant que j'allais prendre froid et qu'il fallait que je monte me changer. Elle avait posé sur la bouillotte du fourneau une serviette-éponge qu'elle m'a tendue toute chaude.

Mais nous avions marché si vite que j'étais plus mouillée de sueur que de pluie. Je suis montée me changer pourtant et je suis redescendue avec une robe de Marie deux fois trop large pour moi.

J'avais envie de rire mais, en entrant dans la cuisine, j'ai vu que Brassac me regardait avec un air inquiet. Comme Marie lui avait reproché de m'avoir emmenée alors qu'il risquait de pleuvoir, j'ai pensé qu'il avait peur que j'aie pris froid. J'ai voulu le rassurer.

— Ne faites pas cette tête. Je ne suis pas en sucre!

Il a voulu sourire, mais j'ai bien vu qu'il se forçait. J'ai vu aussi qu'il levait la main en direction de la table. Son geste était si lent qu'il paraissait vouloir soulever un poids énorme.

J'ai regardé la table. Sur un angle, il y avait une enveloppe. Je ne l'avais pas encore remarquée et c'est étonnant parce qu'elle faisait vraiment une tache blanche qui sautait aux yeux. Je ne sais pas si j'ai compris tout de suite qu'une lettre ne pouvait rien m'apporter de bon, mais il m'a semblé que ce papier trop blanc n'était vraiment pas à sa place dans cette pièce. Le bois de la table était presque noir et patiné, les recoins de la pièce étaient sombres et même les rideaux de la fenêtre étaient gris, presque aussi gris que le ciel.

Je me suis approchée de la table et, sans toucher l'enveloppe, j'ai lu : « Mademoiselle Simone Garil, chez Monsieur Brassac à Loire (Rhône). »

J'avais tout de suite reconnu l'écriture de Marcel. Mais, sur le coup, je n'ai pensé à rien de précis.

J'ai regardé Brassac, puis Marie. Debout l'un à côté de l'autre, ils me regardaient tous les deux sans faire un geste.

Moi, je ne pensais toujours pas, mais je sentais qu'il se passait quelque chose en moi. C'était un peu comme deux rivières qui se rencontrent. Le bruit de mon sang à mes tempes et le bruit de la pluie tout autour de la maison grandissaient sans arrêt.

Brassac m'a dit :

— Vous ne lisez pas?... C'est peut-être important.

Sa voix était lointaine. On aurait dit qu'il me parlait depuis l'autre rive d'un torrent.

« Important... important... important... »

Il y avait aussi un écho qui répétait ce mot.

Je ne me rappelle pas du tout ce qui s'est passé en moi. Mais je revois simplement ma main s'avancer très lentement vers la table. Cette main, je la voyais comme si elle avait été à une autre. Mes doigts se sont posés sur l'enveloppe sans que j'aie l'impression de toucher du papier. Ils l'ont fait glisser jusqu'au bord de la table avant de l'empoigner.

Là, j'ai dû hésiter; puis déchirer l'enveloppe et lire la lettre très vite. C'était d'ailleurs une lettre très courte, Marcel disait qu'il avait besoin de moi et qu'il viendrait me chercher le lendemain.

J'ai regardé autour de moi. La brume était toujours aussi épaisse. Puis, d'un seul coup, elle s'est déchirée avec un bruit qui m'a fait mal. J'ai eu vraiment mal, oui. Et j'ai senti que j'allais pleurer. Alors je me suis laissé tomber sur une chaise, j'ai posé mes coudes sur la table et mis ma tête dans mes mains.

Il y avait des années que je n'avais pas pleuré, mais ça doit être naturel de mettre sa tête dans ses mains quand on pleure. Parce que là, ce n'était pas pour me cacher. Je n'avais pas honte de pleurer. Je ne pouvais pas avoir honte, puisque je ne savais même pas au juste pourquoi je pleurais. J'ai dû pleurer un bon moment, mais, quand j'ai relevé la tête, Marie et Léandre étaient toujours à la même place. Marie se tordait les doigts. Léandre était voûté, comme tiré en bas par ses deux grosses mains qui pendaient le long de son pantalon de velours.

Longtemps j'ai regardé ses mains. Sans savoir pourquoi, mais je les regardais. Jamais je ne les avais trouvées si grosses.

Puis, soudain, tout s'est éclairé. Alors je n'ai pas pu me retenir. Je me suis précipitée vers Léandre. Je l'ai agrippé et je l'ai supplié de ne pas m'abandonner. Je ne savais ni ce que je demandais ni ce que je pouvais attendre de lui. Mais il était fort. Ça se voyait et c'était suffisant.

Je n'ai pas fait attention à ce qu'ils m'ont dit tous les deux, mais leur voix était douce. Ils me parlaient sans me repousser, je n'en demandais pas davantage.

Léandre a lu la lettre de Marcel.

Quand il a eu terminé, j'ai vu ses poings énormes se fermer et je crois bien que c'est eux qui ont fini de me réconforter.

Après un temps, Léandre s'est mis à me parler doucement. Je sentais bien qu'il n'aurait pas agi autrement avec un enfant et je le laissais faire. Je trouvais tout naturel de l'entendre me parler de cette façon. Il m'a expliqué que je devais accepter de revoir Marcel. Moi, j'avais peur. Il devait le sentir car il a ajouté :

— Vous ne risquez rien, je serai là.

En disant ça, il serrait encore ses gros poings.

Et il a dit aussi :

— Vous comprenez, il faut lui dire que vous ne voulez pas retourner. Il faut lui parler vous-même. Comme ça, il laissera tomber. Il n'a aucun droit sur vous. Je lui dirai. Et puis, il le sait bien.

J'avais repris mon sang-froid et je regardais Léandre. Malgré moi je revoyais le Brassac que j'avais rencontré à Lyon, et il me semblait impossible que ce soit le même. Il ne gesticulait pas. Il parlait calmement, comme tout le monde. Et pourtant, rien qu'à le voir, assis devant moi, je me disais qu'il était fort et que je pouvais avoir confiance en lui.

Pendant qu'il me parlait, Marie avait achevé son repas et dressé le couvert. Nous nous sommes mis à table.

Tout d'abord j'avais du mal à avaler mais bientôt mon appétit est revenu. De nouveau Léandre parlait très fort. Il gesticulait sans cesse et les yeux de Marie suivaient ses gestes. Je voyais bien qu'elle l'admirait.

Moi, ça m'était égal qu'il se remette à faire le cabot. De l'avoir vu, de l'avoir entendu me parler comme il venait de le faire, m'avait suffi. Au contraire, je m'amusais beaucoup à écouter ses histoires invraisemblables.

Comme la pluie continuait, nous sommes restés à la ferme tout l'après-midi. Léandre s'est mis à racler des manches d'outils, Marie et moi nous égrenions des haricots secs. Les cinq chiens dormaient autour de la cuisinière. De temps en temps, l'un d'eux se levait, allait vers Léandre ou venait poser son museau sur ma cuisse. Rien qu'à sa façon de s'approcher et au poids de sa tête je le reconnaissais. Il n'y avait que Diane et le vieux Dik qui ne venaient pas. Elle, parce qu'elle ne s'est pas encore très bien habituée à moi, et lui parce qu'il est trop vieux et qu'il peut rester un jour complet à dormir sans faire un seul mouvement.

Pourtant, ils étaient tous là. A côté de moi. J'y pensais constamment et je me disais qu'ils étaient là pour me défendre. Que je n'avais à me soucier de rien.

Le soir, nous avons veillé bien plus tard que les autres jours. Personne ne l'a fait remarquer, mais j'ai bien compris que Marie et Léandre voulaient reculer le plus possible le moment de me laisser seule.

Quand nous sommes montés nous coucher, il

y avait longtemps que les chiens avaient gratté à la porte pour sortir. Et lorsque Léandre est rentré après être allé les enfermer dans la grange, il nous a dit que le ciel s'éclaircissait, que la pluie ne tombait plus guère et qu'il ferait certainement très beau le lendemain.

8

Une fois seule dans ma chambre je me suis mise à réfléchir et je me suis endormie très tard. C'est sans doute pour ça que, le lendemain matin, Marie a été obligée de venir me réveiller. Elle a ouvert les volets de ma chambre et le soleil est entré jusqu'à mon lit. Marie m'a demandé si je n'étais pas malade. J'ai répondu que non et, qu'au contraire, je me sentais très bien.

C'était vrai. J'étais heureuse simplement de constater que Léandre ne s'était pas trompé en nous annonçant le beau temps. Il me semblait que Léandre ne pouvait pas se tromper. Et je me disais aussi que toute cette lumière d'automne était là pour moi, rien que pour moi.

Avant de quitter ma chambre Marie m'a dit de ne pas trop tarder car « ce Monsieur » pouvait venir d'une minute à l'autre. Elle disait « ce Monsieur » et ça me donnait envie de rire. Je crois qu'elle ne se fait pas une idée très exacte de ce qu'est Marcel pour moi. Elle doit se représenter une espèce de fiancé dont je ne veux plus parce qu'il n'est pas très convenable.

Je me suis levée très vite parce que je commençais à goûter la tiédeur du soleil sur mon lit et que je me méfie de ma paresse.

A la cuisine, mon déjeuner était prêt. J'ai mangé, puis je suis allée dans la cour, où Léandre travaillait. Il avait sorti une masse et quatre coins de fer et il commençait d'aligner par terre les troncs empilés sous l'auvent de la grange. Comme je m'étonnais de ne pas voir les chiens, il m'a expliqué que si l'on voulait s'entretenir convenablement avec Marcel, il valait mieux que rien ne puisse l'impressionner. Et il a ajouté :

— De toute façon, s'il n'est pas seul et qu'ils fassent les méchants, Marie se tiendra prête à ouvrir la grange.

Ensuite, il s'est mis à rire très fort en empoignant le manche de sa masse.

Tout cela, le chantier de fendage, le rire un peu forcé, les chiens que Marie serait prête à lâcher, sentait un peu trop la mise en scène. J'avais pourtant confiance en Brassac. Et puis, tout bien pensé, je n'avais pas à me soucier du procédé; le principal c'était que Marcel comprenne.

Brassac s'était mis au travail. Il avait une façon de faire tournoyer sa masse qui me rappelait les monteurs des cirques. Pourtant, d'habitude, quand il fendait du bois, il ne devait pas avoir d'autres spectateurs que ses chiens. Après tout, c'était peut-être simplement pour se faire plaisir à lui qu'il étudiait ainsi chacun de ses gestes. Je l'ai observé un bon moment et j'ai été bien obligée de reconnaître qu'il était beau à voir.

Ensuite je suis rentrée dans la cuisine. Marie épluchait les légumes pour la soupe de midi. Je me suis assise en face d'elle, et je me suis mise à éplucher aussi.

De temps en temps nous nous regardions. Marie souriait. Son sourire se voyait à peine, mais je savais ce qu'il voulait dire. Il voulait dire que Marie m'aimait bien. Moi, je souriais aussi pour lui dire que je n'avais pas peur.

Il était près de 11 heures quand les chiens se sont mis à aboyer. Aussitôt Léandre a posé sa masse et s'est approché de la grange pour leur dire de se taire.

Une auto montait.

Maintenant qu'il n'y avait plus le bruit de la masse, on l'entendait bien.

Marie s'était arrêtée d'éplucher et j'ai vu que son couteau tremblait dans sa main. J'ai souri de nouveau en m'efforçant d'être calme.

L'auto est arrivée très vite sur le replat et nous l'avons entendue s'arrêter à l'entrée du chemin de terre. Je suis allée à la porte mais, de la maison, on ne voyait pas la route à cause des châtaigniers. Brassac m'a dit de rentrer vers Marie. Lui est resté debout au milieu de la cour, appuyé d'une main sur le manche de sa masse. Il était un peu essoufflé et sa poitrine poilue se soulevait plus vite que de coutume, ouvrant à chaque fois sa chemise dégrafée. Pourtant il souriait et il avait l'air très calme.

Je suis revenue vers Marie. Elle avait posé son couteau. Ses deux mains étaient sur la table. Elles tremblaient. Moi, j'avais bien un peu le sang qui me battait aux tempes, mais je n'avais pas peur. Quelques minutes se sont écoulées sans un seul bruit. Les chiens n'aboyaient plus mais l'un d'eux a grogné et Brassac lui a encore dit de se taire. Puis j'ai entendu un pas sur le sentier et, presque aussitôt, Brassac qui lançait de sa plus belle voix de théâtre :

— Adieu, Marcel (il disait Marcèèlle). Tu as pas eu trop de mal à me trouver?

— Non, j'ai demandé en bas.

La voix de Marcel était calme. Je l'attendais. Et pourtant, ça m'a fait quelque chose de l'entendre. Tout de suite il a ajouté :

— Salut, Brassac, ça va?

— Ça va pas mal, oui... Dis donc, c'est gentil de venir me voir!

Alors la voix de Marcel a changé. Elle s'est durcie quand il a répondu qu'il ne venait pas en visite, mais chercher sa femme.

Brassac s'est mis à rire.

— Ta femme? Tu veux parler de Simone, je pense.

Marcel a dit que oui et il a demandé si j'étais là. J'ai compris qu'il était très nerveux et qu'il avait du mal à se contenir.

Léandre a répondu que j'étais ici et invité Marcel à entrer pour prendre un verre. Ils ont traversé la cour et Marcel est entré le premier, suivi de Léandre qui le dépassait de plus d'une tête.

Je me suis levée et j'ai dit bonjour à Marcel en lui tendant la main. Il a eu un ricanement pour me demander si je m'étais bien reposée et si les vacances me faisaient du bien, J'ai répondu « oui » simplement. Alors d'une voix qui grinçait il m'a lancé :

— C'est bon, tant mieux, mais c'est fini les vacances, va falloir rentrer.

J'allais répondre quand Léandre a demandé à Marcel ce qu'il voulait boire. J'ai vu que Marcel avait beaucoup de mal pour se retenir. Il a dit :

— Un canon sur le pouce. Je suis pressé.

Tandis que Marie apportait deux verres qu'elle emplissait de vin rouge (c'est effrayant ce qu'elle tremblait), Brassac invitait Marcel à s'asseoir. Il s'étonnait de le voir si pressé et lui demandait s'il avait tant de travail. Mais Marcel n'a pas bronché. C'est tout juste s'il a ouvert la bouche pour me dire d'aller me chausser et mettre mon manteau. Je me suis assise et j'ai dit :

— C'est pas la peine puisque je reste ici.

Je n'ai vraiment eu aucun mal à prononcer ces mots. Ils sont venus tout seuls, sans que je les aie préparés. Mais aussitôt Marcel a explosé. Il est devenu presque vert et s'est mis à crier que la plaisanterie avait assez duré et qu'on allait voir lequel commandait de lui ou de moi. Léandre, qui avait pris son verre, l'a reposé sur la table et s'est approché lentement de Marcel. Il a posé sa grosse main sur son épaule et il a dit :

— Doucement, petit. Ici, on gueule pas, on cause.

Marcel serrait les poings. Son menton tremblait. Pendant un instant il a regardé Brassac comme pour évaluer son poids puis, d'un seul coup, il a fait demi-tour et s'est mis à courir jusqu'à la porte. Sur le seuil il s'est arrêté et s'est retourné le temps de crier :

— Si tu veux l'employer à temps complet, Brassac, faudra qu'on s'entende pour le prix. Je te donne jusqu'à demain pour réfléchir.

Tandis qu'il se sauvait, Léandre est sorti derrière lui. Il a pris sa plus grosse voix pour lancer :

— Prépare-lui sa valise, j'irai la prendre un de ces jours.

Il est rentré ensuite en éclatant de rire. Un rire qui emplissait toute la grande cuisine. Il a vidé son verre d'un trait puis, prenant celui que Marcel n'avait pas touché, il l'a vidé en jurant qu'il ne lui arriverait plus jamais de payer à boire à un cochon pareil. Moi, je ne savais pas bien ce que je devais faire. Pourtant, quand il m'a regardée, j'ai senti qu'il fallait que j'aille vers lui pour lui dire merci. Mais, à ce moment-là, tous les chiens se sont mis à aboyer très fort et nous nous sommes précipités tous les trois jusqu'à la porte.

Sur le sentier, Marcel revenait accompagné de trois de ses amis. Alors tout est allé très vite. En trois enjambées Léandre s'est trouvé vers son chantier de fendage. Moi, voyant que Marie se sauvait au fond de la cuisine, j'ai couru jusqu'à la porte de la grange. Quand je me suis retournée après m'être assurée que le loquet n'était pas coincé, Léandre marchait à la rencontre des autres. Il tenait sa masse de la main gauche et, de l'autre, un de ses coins de fer. Arrivé au bout de la cour, il s'est planté à l'entrée du sentier en criant.

— Le premier qui avance, y trinque!

Les autres se sont arrêtés sauf un petit, large d'épaules, le seul que je ne connaissais pas. Il a fait trois pas. Je le regardais mais, en même temps, je voyais Léandre. Son bras droit s'est levé puis s'est détendu. L'homme a fait un saut de côté et le coin de fer a tinté sur les pierres du sentier juste à l'endroit où se trouvaient ses pieds quelques secondes plus tôt. En ricochant, le coin a touché le pied du grand Gaston qui se trouvait à droite de Marcel et qui a crié :

— Salaud!

Comme s'il avait lancé un ordre, les quatre hommes se sont mis à courir sur Léandre. Alors, sans hésiter, j'ai soulevé le loquet en tirant la porte de toute ma force. Elle s'est ouverte toute grande et j'ai crié :

— Tcha... Tcha... Tcha...!

Comme je savais qu'il fallait faire pour exciter les chiens. Mais je crois que c'était inutile. Déjà ils avaient bondi tous les cinq, Bob et Brutus en avant. Il y a eu un flottement chez les hommes, ils se sont arrêtés puis, faisant demi-tour, ils se sont sauvés à toutes jambes. La voix de Brassac a tonné un coup bref. Les chiens ont stoppé en soulevant un nuage de poussière qui a scintillé dans le soleil avant de se coucher sur l'herbe, à côté du sentier. Pendant que les chiens revenaient aux pieds de Brassac, Marie est sortie de la cuisine. Elle était affreusement pâle mais, pourtant, en la voyant, j'ai eu envie de rire. Elle portait à bout de bras, posé à plat sur ses deux mains, le fusil de Léandre. Quand Léandre s'est retourné et qu'il l'a vue s'avancer ainsi, il est parti de son grand rire. Puis, prenant le fusil, il l'a armé d'un coup sec et il a tiré deux fois en l'air.

Les détonations ont couru dans la vallée, d'une colline à l'autre, tandis que le moteur de la voiture se mettait en marche.

Nous l'avons écouté s'éloigner sans rien dire. Léandre était appuyé sur son fusil, moi je caressais les chiens qui tournaient autour de nous.

Pas un instant je n'avais eu peur. Je crois même que s'il y avait eu de la bagarre je ne me serais pas sauvée. Pourtant, quand nous sommes rentrés dans la cuisine, mes jambes se sont mises à trembler et j'ai été obligée de m'asseoir. Marie, au contraire, avait déjà retrouvé ses couleurs. Elle s'est approchée de moi, elle a hésité une seconde, puis elle m'a embrassée très fort sur les deux joues. J'ai senti que j'allais encore pleurer et je me suis levée. Brassac était debout près de la table. Il avait l'air ennuyé d'être là. Il se balançait sur place, les deux mains pendantes. Alors je suis allée vers lui et je l'ai embrassé. J'aurais voulu lui dire quelque chose, mais je n'ai pas pu, et je crois que ça n'était pas la peine.

9

Le reste de la journée s'est écoulé très vite. Après le repas nous sommes allés tous les trois chercher les derniers maïs. En rentrant, j'ai eu envie d'en faire griller une « panouille » sur le feu. Il était trop mûr pour éclater et ce n'était pas très bon, mais j'étais heureuse parce que c'était encore une façon de retrouver mon enfance. Marie était heureuse et Brassac riait en nous traitant de gamines. Tous les chiens étaient là, autour de la cuisinière dont les flammes montaient très haut. Nous avions laissé la porte et la fenêtre ouvertes à cause de la fumée. Dehors le jour baissait et le fond du val était déjà plein de nuit. Pendant un bon moment je crois que j'ai été tout à fait heureuse. Et, à ce moment-là, j'ai eu pour la première fois l'impression que je pourrais vraiment vivre là, avec Marie, Léandre et les chiens.

Ensuite, j'ai accompagné Marie à l'écurie et j'y suis restée pendant tout le temps qu'elle a mis pour traire sa Roussette. On y voyait à peine, avec l'ampoule trop faible et tout emmaillotée de toiles d'araignées. Par la porte entrebâillée, un peu d'air de la nuit entrait. Autrement il faisait tiède et j'ai retrouvé là cette odeur d'écurie à vache que l'on ne trouve en aucun autre endroit. C'est moi qui ai rapporté à la cuisine le seau de lait tout couvert de mousse. J'en ai bu un grand bol tout chaud et Léandre m'a tendu la glace pour que je puisse me voir avec des moustaches blanches.

Nous avons mangé et, pendant tout le repas, Léandre a parlé beaucoup. A la fin, j'ai vu que Marie s'endormait sur sa chaise. Alors je me suis levée pour débarrasser la table mais j'ai fait du bruit et ça l'a réveillée. Nous avons débarrassé ensemble pendant que Léandre menait coucher les chiens.

En montant, il a pris son fusil. Il a plaisanté et, pourtant, je crois bien qu'il a raison de se méfier. Je suis montée, mais ce simple geste de Léandre avait suffi à me faire repenser à Marcel. J'y ai pensé longtemps avant de m'endormir et j'ai même eu peur de ne pas pouvoir dormir. Seulement, j'étais fatiguée et le sommeil m'a gagnée d'un seul coup.

Malgré tout, ce matin, en m'éveillant je n'étais pas bien. Il me semblait que je devais faire quelque chose mais je n'arrivais pas à savoir quoi.

Quand j'ai entendu descendre Marie je me suis levée aussi. En me voyant debout si tôt elle a été tout étonnée. J'ai dit que je voulais voir le soleil se lever sur le val et que j'irais faire une petite promenade avant de déjeuner. Je crois que Marie a été inquiète mais elle a eu l'air rassuré quand j'ai dit que j'emmenais Bob. Parmi les cinq chiens, Bob est le seul qui accepte de me suivre sans que Brassac m'accompagne. Avec lui, je sais que je ne risque rien.

J'ai suivi le sentier que Brassac m'avait fait prendre le lendemain de mon arrivée et je suis allée jusqu'à l'endroit d'où l'on voit le jeu de boules et la ferme abandonnée.

Arrivée là, je me suis assise sur une murette de pierre et j'ai attendu que le soleil sorte de derrière la colline. Le ciel était jaune entre la terre presque noire et une longue ligne de nuages violets. Bob était couché à mes pieds. Il regardait dans la même direction que moi et on aurait dit qu'il attendait aussi le lever du soleil.

A ce moment-là, j'ai pensé que ce n'était certainement pas uniquement pour assister au lever du jour que j'étais venue là, mais je n'ai pas pu comprendre quelle autre raison m'avait poussée.

Bien sûr, j'avais passé une partie de la nuit à me répéter qu'il faudrait que je prenne une décision. Je ne pouvais pas continuer de vivre ainsi chez ces gens. C'était cela, sans doute, que j'étais venu faire ici, parce qu'il fallait que je sois seule pour réfléchir.

J'allais réfléchir sérieusement à tout cela au moment précis où le soleil s'est montré. Ça, c'était évidemment une chose que je n'avais jamais vue. En ville, même quand on se trouve encore dehors à l'aube, on ne voit jamais le soleil se lever. C'est bien dommage, parce que c'est une chose qui vaut la peine d'être vue. Pendant plus de cinq minutes j'ai eu le souffle coupé. On aurait dit que toute la terre se mettait à remuer et, pourtant, le silence était parfait. Très vite l'ombre de la vallée parut rentrer dans la terre et disparaître sous le couvert des arbres. Les prés brillaient, le ruisseau faisait comme une traînée de feu entre les châtaigniers.

Dès que le soleil a été détaché de la colline, tout s'est immobilisé. Il n'y avait plus que les nuages qui avançaient lentement vers le nord.

J'ai essayé de reprendre le fil de mes idées, mais j'ai tout juste pu me dire que je venais d'être très heureuse pendant quelques minutes.

J'allais me lever pour partir lorsqu'un moteur a pétaradé dans la montée. Sur le coup, j'ai sursauté. Puis j'ai entendu qu'il s'agissait d'une moto. J'ai pensé que c'était Roger, l'homme aux os. D'ailleurs, Bob s'était levé et il courait vers le sentier. Je l'ai rappelé. Il est revenu mais il me regardait avec des yeux tristes. Alors, je me suis mise en route en me disant que, le temps de faire le chemin, l'homme serait parti.

Je n'avais pas envie de le voir, mais, de l'avoir entendu, je savais que c'était dimanche et ça m'a paru extraordinaire. J'ai pensé que j'étais ici depuis plus de quinze jours, que nous étions dimanche et que, sans ce bruit de moto, je ne m'en serais jamais aperçue.

TROISIEME PARTIE

10

Je crois de plus en plus que je ne suis pas faite pour prendre des décisions. Encore moins pour me battre et pas davantage pour réfléchir. Tout ce qui arrive m'ennuie beaucoup. Seulement, comme dit Léandre : « Si on pouvait tout arranger d'un seul coup, ce serait trop simple. Quand on a fini avec les individus, faut compter avec l'Administration. »

Evidemment, je croyais être débarrassée de Marcel. D'ailleurs lui-même n'a pas donné signe de vie. Pourtant, cette lettre de la Préfecture, que j'ai reçue huit jours après sa visite, je suis persuadée qu'il n'y est pas étranger. C'est d'ailleurs ce que j'ai dit à Léandre dès que j'ai vu qu'on me demandait de me présenter pour « régulariser ma situation ». Marcel s'est assez souvent servi de ses amis quand il fallait me protéger pour que je sache à quoi m'en tenir à ce sujet. Léandre l'a très bien compris et il m'a tout de suite offert de se rendre à la Préfecture pour voir ce qu'ils me veulent exactement et quelles formalités il faut accomplir. Bien entendu, j'ai accepté.

Léandre est donc parti, un matin, et je suis restée seule avec Marie et les chiens. Excepté Bob qui ne me quitte plus, tous les chiens étaient inquiets. Ils tournaient sans cesse dans la cuisine, et, dès qu'on ouvrait la porte, ils filaient sur le sentier qui mène à la route. Là, ils se collaient le nez contre la barrière et ils attendaient. Quand j'allais les appeler ils rentraient la queue basse. Seul le vieux Dik refusait de bouger. Ça m'ennuyait parce que le vent s'était remis à souffler depuis deux ou trois jours et il faisait froid. Quand j'ai demandé à Marie ce qu'il fallait faire, elle m'a dit :

— Rien. Faut le laisser. C'est pareil chaque fois que Léandre s'en va. Au fond, avec son poil épais, il ne risque rien. D'abord, quand il y a de la neige, il se couche dedans pendant des heures.

Depuis que j'étais là, jamais Brassac ne s'était absenté. Je n'y avais pas pensé et, de voir cette tristesse des chiens, j'ai compris que moi non plus je n'étais pas comme les autres jours.

J'ai aussi observé Marie. Je m'étais un peu habituée à lire sur son visage, et j'ai compris qu'elle était soucieuse. J'aurais aimé profiter de l'absence de Léandre pour essayer d'apprendre quelque chose de leur vie avant mon arrivée. J'ai posé plusieurs questions mais je n'ai rien pu savoir. Simplement, Marie m'a dit que les terres viennent de ses parents, qui sont morts ici voilà plus de quinze ans. Et c'est après leur mort seulement qu'elle a épousé Léandre.

A un certain moment, je ne sais plus à quel propos, Marie s'est mise à me parler de Dieu et de la religion. Marie est croyante. J'ai compris qu'elle se raccrochait à cette croyance en Dieu chaque fois qu'il lui arrivait un malheur. Moi, je ne vois pas comment on peut se raccrocher à ça, mais je n'ai rien dit. Au fond, j'ai l'impression que Marie ne sait pas grand-chose de Dieu et de la religion et qu'elle ignore pourquoi elle croit.

Ce qui m'intéressait, c'était de savoir ce que Marie entendait par « malheurs ». Il a fallu que je lui pose plusieurs fois la question pour qu'elle finisse par m'avouer qu'elle a une peur terrible de son homme quand il rentre saoul. J'ai souri en disant que ça n'arrivait pas souvent. Alors, Marie m'a dit :

— Bien sûr, depuis que vous êtes là il n'est pas retourné à Lyon. Mais vous verrez, ce soir, il rentrera saoul. Avant, il lui arrivait d'y aller une fois par semaine. Et chaque fois, en rentrant il m'insulte.

J'ai répondu que j'étais très ennuyée puisque c'était à cause de moi qu'il était descendu en ville.

Alors, elle m'a regardée d'un drôle d'air pour me dire :

— Au contraire, ce serait peut-être à moi de vous remercier... Ça doit être votre présence qui le retient ici.

En disant ces derniers mots, elle avait eu un sourire triste. Ensuite, nous n'avons presque plus parlé, mais j'ai repensé constamment à ce sourire de Marie. J'avais l'impression qu'elle souffrait, et que ce n'était pas seulement à cause de Brassac qui risquait de rentrer saoul. J'aurais aimé qu'elle me parle franchement, mais je ne savais comment m'y prendre.

★

La journée m'a paru très longue. De temps à autre j'allais jusqu'à la fenêtre. Le vent soufflait toujours aussi fort. Il venait de l'est et prenait le val en enfilade. Il remontait dans les châtaigniers en soulevant des feuilles mortes si bien qu'à certains moments on avait l'impression qu'il neigeait à l'envers d'énormes flocons jaunes. Sur la colline en face, les pins se tordaient. A mesure que le jour diminuait, le ciel paraissait plus bas et, peu de temps avant la nuit, les nuages ont paru s'appuyer sur la forêt pour enjamber la colline. J'ai pensé alors que, lorsque j'étais petite, c'était l'heure que ma grand-mère appelait « entre chien et loup ». Avant d'éclairer la lampe à pétrole elle me prenait sur ses genoux et je regardais par la fenêtre en l'écoutant me raconter des histoires. Les histoires, je m'en souviens à peine, mais je me rappelle très bien que les arbres avaient toujours des formes d'hommes à cette heure-là. Ici, ces formes je les ai retrouvées dans les châtaigniers les plus proches. Et, comme ma grand-mère, Marie a attendu la nuit complète pour donner de la lumière. C'est peut-être ridicule, mais, quand elle a tourné l'interrupteur, j'ai regretté un instant qu'il n'y ait pas de lampe à pétrole.

Je suis revenue près de la table et j'ai continué de dépouiller le maïs. Marie s'était remise à raccommoder, mais j'ai remarqué qu'elle regardait souvent le réveil. Elle connaissait l'horaire des trains et devait calculer le temps qu'il faudrait à Léandre pour monter de la gare. Elle ne disait plus un mot. Depuis des heures son visage n'avait pas changé d'expression. Moi, je n'osais rien dire. Et surtout, je ne savais pas quoi dire.

Chaque fois qu'un chien bougeait, Marie le regardait. Enfin, à 8 heures, elle s'est levée pour mettre le couvert. Voyant qu'elle ne mettait que deux assiettes je lui ai demandé si nous n'attendions pas Léandre.

— C'est inutile. S'il avait pris le dernier train, il serait là, maintenant c'est l'horaire d'hiver.

Elle parlait toujours sur le même ton.

Dès que nous avons eu fini de manger, Marie a conduit les chiens à la grange. Quand elle est revenue je lui ai demandé si elle avait pu faire rentrer Dik.

— Non, m'a-t-elle dit, c'est pas la peine de

l'appeler, avec le vent il n'entendra pas. Et puis, il ne nous obéira pas.

— Voulez-vous que j'aille le chercher?

— Il vaut mieux le laisser dehors, si vous le faites rentrer de force il va pleurer et ça fera pleurer les autres.

Là-dessus, nous sommes montées nous coucher.

J'ai eu beaucoup de mal à m'endormir. Je suis restée longtemps à écouter les bruits de la nuit. Je pensais à Brassac. Je le voyais ivre mort, dans le bar où je l'ai rencontré. Peut-être avait-il rencontré Marcel. J'étais inquiète. Pourtant, je savais que Marcel tenait beaucoup à sa tranquillité et cela me rassurait un peu. Mais je pensais aussi à Marie; aux soirées qu'elle avait dû passer seule à écouter, à épier les mouvements des chiens. Depuis la visite de Marcel, j'avais l'impression qu'elle avait de l'affection pour moi et je l'aimais bien. Mais son attitude du matin m'ennuyait beaucoup. De plus, je la trouvais trop renfermée. Et pourtant, en pensant à la vie qu'elle avait dû avoir depuis qu'elle était seule ici avec Léandre, je ne pouvais pas lui en vouloir.

11

C'est la voix de Léandre qui m'a réveillée. Il faisait nuit et j'ai compris tout de suite que je n'avais pas dormi bien longtemps. Léandre devait être à la cuisine et criait très fort en appelant Marie.

Il a dû faire tomber une chaise puis, tout de suite, j'ai entendu le pas lourd de Marie dans l'escalier. Je me suis levée et me suis habillée en hâte. Quand je suis arrivée dans la cuisine, Marie était en train de ranimer le feu. Accoudé à la table, Brassac la regardait. Elle n'avait pas pris le temps de s'habiller et portait une chemise de nuit blanche, très large et qui lui descendait jusque sur les pieds. Sous la table, quelque chose bougeait. Je me suis penchée. Entre les pieds de Brassac, un petit chien tout noir se léchait les pattes.

Sans raison, Brassac s'est mis à rire. Puis il m'a dit :

— Tiens, la môme, voilà tout ton bordel.

Il parlait avec beaucoup de difficulté. D'un geste large, il a tiré de sa poche une poignée de papiers qu'il a jetés sur la table. Je l'ai remercié en lui demandant s'il n'avait pas eu trop de mal. Il s'est remis à rire en se frappant la poitrine.

— Tu sauras, petite, que pour Antonin de Brassac, il n'est point de difficulté qui soit insurmontable. Brassac est l'homme des circonstances difficiles... Demande à la vieille...

Et il a continué par une longue tirade où il était question d'une foule d'actions toutes plus périlleuses les unes que les autres et dont il s'était tiré un peu comme les jeunes premiers des films de cow-boys.

Ce qu'il disait, sa façon de parler et ses gestes auraient pu amuser bien du monde s'il s'était trouvé dans une salle de café par exemple. J'ai repensé à Marinette, aux autres aussi qui m'avaient si souvent parlé de lui comme d'un « type » marrant. Moi, pour l'instant, je n'avais pas envie de rire. Au contraire.

J'en ai vu des ivrognes, ils m'ont toujours plus ou moins dégoûtée, mais jamais un homme saoul ne m'avait fait cette impression. Quand j'étais obligée de les subir, je les détestais. Au début, il m'est arrivé de souhaiter qu'un verre de plus les tue pour de bon. Là, d'entendre Léandre, de voir le dos voûté de Marie qui s'affairait de la table au placard, j'avais le cœur tout gonflé.

A un geste de Léandre, j'ai remarqué que la manche de sa veste était déchirée et qu'il avait du sang au poignet. Je me suis approchée de lui en lui demandant s'il était blessé. Il s'est mis à rire en disant :

— Une égratignure, petite. Un tout petit coup de surin. Une caresse pour ainsi dire.

Il a marqué un temps puis, parlant plus haut, il a repris :

— Mais Brassac n'aime pas ce genre de caresse. Et le maquereau qui me porta ce coup de lame gémit à l'heure qu'il est sur un lit d'hôpital. A moins que la morgue déjà... Mais non, cent mille tonnerres, veuille Dieu que le poing de Brassac n'ait pas entièrement occis cet imbécile.

Là, il s'est levé d'un coup. Sa chaise est tombée et, sous la table, le petit chien a pleuré avant

En bas, Brassac ne criait plus. Il devait manger.

Allongée à côté de moi, Marie ne bougeait pas. Je crois même qu'elle retenait son souffle.

Un bon moment s'est écoulé avec juste le bruit du vent entre les lames des persiennes. Puis j'ai entendu Brassac qui montait l'escalier en trébuchant. Il a ralenti devant notre porte. Il marmonnait mais je n'ai pas pu comprendre ce qu'il disait. Il est allé jusqu'au bout du couloir. L'autre porte s'est ouverte, mais Brassac n'est pas entré. Il avait dû éclairer et voir que Marie n'y était pas car je l'ai entendu revenir plus vite vers nous. Marie s'est mise à trembler et j'ai senti qu'elle se rapprochait de moi.

La poignée de notre porte a tourné, mais j'avais fermé à clef. Par trois fois, Brassac a cogné contre le panneau. Marie a soufflé :

— Il va casser la porte.

Brassac s'était mis à crier :

— Vous allez ouvrir, deux salopes... ou je... je défonce tout le bordel.

J'ai senti que Marie bougeait. Je l'ai empoignée par le bras en lui disant de ne pas se lever. Je n'avais pas peur.

Brassac continuait de nous insulter. Mais il voulait parler fort et vite et je ne comprenais pas la moitié de ce qu'il disait. Il s'est tu le temps d'envoyer deux coups de pied dans la porte puis, parlant plus lentement, il a crié :

— Vous êtes deux putains... Ça vous va bien de coucher toutes les deux... Brassac, tu as deux putains chez toi... Et t'as plus qu'à te branler. Les putains sont en grève!

Là, il s'est arrêté une bonne minute pour rire, puis il a lancé :

— T'entends, Marie-Molasse? T'es une putain comme l'autre... Une qui se fait baiser sans que ça serve jamais à rien... T'es un ventre inutile, t'entends, un ventre inutile... Pas foutue de faire un môme!

Marie s'est mise à pleurer. Elle pleurait lentement, à petits sanglots réguliers.

Chaque injure de Brassac me faisait mal pour elle. Et il continuait. Je me suis retenue un moment, puis, me levant d'un bond, j'ai couru jusqu'à la porte. Marie a crié :

— Simone!

Je lui ai dit de se taire. Sans éclairer j'ai tourné la clef très vite et ouvert la porte d'un coup. En me voyant, Brassac s'est arrêté de crier. Ses bras sont tombés le long de son grand corps qui continuait de vaciller. Il n'avait plus rien de méchant dans le regard. Il m'a fait penser un instant à Bob quand on le gronde. J'étais sortie avec l'intention de l'injurier et même de le gifler si c'était nécessaire. J'ai dit simplement :

— Vous êtes dégoûtant.

Il a marmonné je ne sais quoi, puis il s'est éloigné lentement. Il était plus voûté que jamais. Ses grosses mains semblaient tirer ses bras vers le plancher.

A ce moment-là, j'ai eu l'impression curieuse que Léandre ne finirait jamais de marcher jusqu'au bout de ce couloir de quelques mètres et que moi, je resterais toujours plantée là à le regarder.

Il a atteint la porte pourtant, et il l'a refermée derrière lui sans se retourner.

12

Le lendemain matin, c'est Marie qui m'a réveillée en se levant. Elle prenait pourtant beaucoup de précautions, mais j'avais mal dormi toute la nuit. Plusieurs fois je m'étais réveillée et, de sentir la chaleur d'un corps à côté de moi, ça m'avait fait une drôle d'impression.

J'ai fait semblant de dormir encore et j'ai laissé Marie sortir de la chambre. Elle devait être très fatiguée.

Elle avait pleuré longtemps. Et même pendant son sommeil je l'avais plusieurs fois entendue sangloter et soupirer. J'aurais aimé la consoler, mais je n'aurais pas su comment m'y prendre après ce que Brassac avait dit. J'ai préféré me taire. Et puis, à l'entendre sangloter ainsi, régulièrement, je pensais à la source qui sort de terre en bas de la grande châtaigneraie. Quand on bouche l'orifice avec sa main, l'eau trouve tout de suite une autre fissure dans le rocher. Il n'y a rien à faire, il faut qu'elle coule. Le chagrin de Marie, je crois que c'était pareil.

Une fois qu'elle a été sortie, j'ai essayé de me rendormir mais je n'ai pas pu et je n'ai eu aucun effort à faire pour me lever. Quand je suis descendue, Marie a été surprise et s'est excusée de m'avoir réveillée. J'ai dit que ça n'avait pas d'importance.

Comme je m'approchais de la table pour prendre les papiers que Brassac y avait jetés, j'ai vu qu'il y en avait un autre avec quelques mots écrits de sa main. Marie a vu que je regardais, elle m'a dit :

— Vous voyez, il est parti avant le jour, et il a laissé ce papier pour dire de ne pas l'attendre pour manger.

— Et où est-il?

— Il doit être de l'autre côté, au bois de la Vieille-Terre. Il avait des pins à abattre et j'ai entendu taper là-haut.

Je suis sortie et j'ai traversé la cour. En effet, on entendait les coups réguliers de la cognée sur les troncs. J'ai fixé le bosquet de pins qui se trouve au sommet de la colline et qu'on appelle le bois de la Vieille-Terre. A plusieurs reprises j'ai cru voir remuer, mais en réalité, tout remuait car le vent avait redoublé de violence. Il était très froid et j'ai remarqué qu'il ne venait plus de l'est mais du nord.

Quand je suis rentrée je claquais des dents. Marie avait déjà allumé le feu et la cuisine était toute pleine d'une bonne chaleur qui sentait bon le café au lait.

Je me suis mise à déjeuner. J'avais faim et

j'aime beaucoup le café au lait avec des tartines de beurre, mais je pensais à Léandre. J'ai demandé à Marie s'il avait emporté à manger. Elle m'a dit qu'il avait dû prendre un morceau de pain et une tranche de lard. Elle a hésité un peu et puis, au bout d'un moment, elle a ajouté :

— Ça fait rien, toute la journée sans rien avaler de chaud, avec le temps qu'il fait; si c'est pas malheureux.

Puis, tout de suite après, Marie est sortie avec le seau de pâtée qu'elle venait de préparer pour son cochon.

La matinée m'a paru très longue. Je ne savais pas quoi faire. Marie ne disait pas un mot. Pourtant quand nos regards se croisaient il me semblait qu'il se passait quelque chose. Ce n'était plus comme d'habitude. Il y avait un peu de gêne, bien sûr, mais il y avait aussi comme une complicité. Comme un secret que nous aurions eu à garder toutes les deux.

Vers les 10 heures j'ai demandé à Marie si elle ne pensait pas qu'en faisant cuire la soupe de bonne heure je pourrais en porter une gamelle à Léandre. Elle m'a dit simplement :

— Ça n'a l'air de rien, mais ça fait une trotte pour grimper là-haut.

Je n'étais jamais montée jusqu'à ce bois, je suis allée à la fenêtre pour me rendre compte. C'était loin, bien sûr. Mais j'ai pensé à toute cette journée, j'ai pensé à Léandre qui avait emmené les chiens. J'ai dit à Marie :

— Ça ne fait rien, j'irai.

Nous avons tout de suite épluché les légumes et Marie a mis à cuire une bonne soupe au lard avec, dedans, une saucisse fumée.

A midi nous avions fini de manger toutes les deux, et je pouvais partir. Marie avait préparé une petite marmite de fonte ventrue où elle avait mis de la soupe, un morceau de lard et la moitié de la saucisse.

— C'est la marmite qu'on prend toujours pour emporter. Elle n'est pas lourde et on peut faire réchauffer dehors.

Dans une musette elle avait mis une cuillère, une écuelle et du pain.

J'ai pris le sentier et ça me faisait quelque chose de ne pas voir Bob courir devant moi. Le vent soufflait toujours aussi fort et les feuilles mortes n'arrêtaient pas de tourbillonner en montant très haut. Les châtaigniers craquaient. En marchant, je n'avais pas froid. J'avais le vent dans le dos et je le sentais qui m'empoignait les reins, qui s'engouffrait sous mon manteau. A plusieurs reprises il m'a fait penser à des mains d'homme.

De penser à cela j'ai pensé aussi à la nuit que je venais de passer. La chaleur de Marie qui avait suffi à me réveiller, à me mettre mal à l'aise. Depuis que j'étais levée, il y avait quelque chose qui n'allait pas. Bien sûr, je pensais à Marie et à Léandre. A la vie qu'ils devaient avoir depuis des années à se quereller sans cesse pour la même raison, mais ce n'était pas tout.

J'ai marché encore avec toujours ce vent qui

me poussait, ces feuilles qui me frôlaient les jambes ou la figure. J'avais déjà fait plus des trois quarts du chemin quand j'ai compris que depuis le matin j'avais devant moi le visage de Marcel.

Je m'étais arrêtée. Je n'étais plus comme la première semaine de mon arrivée ici. J'étais capable de réfléchir.

Est-ce que je pouvais vraiment avoir envie de Marcel?

Je savais bien que ce n'était pas en marchant que je me débarrasserais de cette idée. Malgré tout, j'ai repris la marmite de fonte et je me suis mise à marcher très vite. Le sentier montait maintenant entre une friche et un pré. Il n'y avait plus d'arbres pour arrêter le vent qui, à présent, venait sur ma droite. Je me suis mise à courir. Mais, arrivée sous le couvert des pins, j'ai dû m'arrêter pour reprendre mon souffle.

Comme j'allais repartir, Bob s'est jeté sur moi. Il a failli me faire tomber avec ma marmite, mais je n'ai pas pu le gronder. Depuis mon arrivée ici, c'était la première fois que je restais une demi-journée sans le voir. Je l'ai caressé un moment puis je n'ai eu qu'à le suivre pour trouver Léandre.

Léandre avait déjà abattu et ébranché cinq gros pins. Il était en train de lier des fagots de branchage et c'est pour cela que, depuis un moment, je n'entendais plus taper. Quand il m'a vue arriver, il m'a d'abord regardée avec un air gêné puis, tout de suite, il a eu un sourire un peu triste. Moi, j'ai pensé qu'il valait mieux faire comme si tout avait été prévu ainsi et j'ai crié :

— A la soupe, l'homme des bois, à la soupe!

Alors Léandre est venu au-devant de moi en disant :

— C'est trop loin, il fallait pas.

Mais j'ai senti qu'il était heureux que je sois là.

Comme la soupe s'était refroidie en cours de route, il a fallu allumer du feu. Mais on ne pouvait pas le faire sur le sommet de la colline à cause du bois de pins et du vent. Nous sommes descendus jusqu'au bord du ruisseau. Là, à côté du feu que Léandre a fait entre deux pierres, il faisait vraiment bon. On sentait à peine le vent, mais on l'entendait passer au-dessus de nous avec des craquements de branches et des sifflements. Il ne descendait pas au creux du val. Il sautait d'un bord à l'autre.

Simplement il lui arrivait de lâcher en passant une ou deux feuilles mortes qui descendaient lentement. Ce qui était amusant aussi, c'était de voir la fumée de notre feu monter presque toute droite et, arrivée à la hauteur où le vent passait, se tordre d'un coup et s'effilocher.

Léandre s'était assis par terre, en face de moi. Je le voyais à travers la fumée. Il avait toujours son sourire un peu triste. Quand la soupe a été chaude, il a voulu que j'en mange une assiettée. Je ne me suis pas trop fait prier parce que la marche m'avait donné faim. De plus, Léandre affirmait que la soupe était bien meilleure ainsi. Et c'est vrai, je l'ai trouvée meilleure.

Léandre a mangé tout ce qui restait puis il a

lavé la marmite et l'assiette avec l'eau et le sable du ruisseau. Quand il a eu fini, il est venu s'asseoir à côté de moi. Je voyais bien qu'il avait envie de me dire quelque chose, il me semblait que ça l'aurait soulagé, mais je ne savais pas comment m'y prendre pour l'amener à parler. Enfin, après avoir toussé et craché dans le feu, il s'est tourné vers moi et il m'a dit en me regardant bien dans les yeux :

— J'ai été dégueulasse, hier soir.

— Un peu, oui. Seulement tout ce qui arrive c'est à cause de moi.

— Non, c'était pareil avant... Peut-être pire.

— Ça fait rien, c'est chic ce que vous avez fait pour moi.

— Faut pas en parler. Surtout que maintenant tu peux être tranquille. Marcel, c'est fini. Pas seulement à cause de moi, mais j'ai su qu'il a une sale histoire sur les reins et qu'il a tout intérêt à se faire oublier.

Léandre a fini de me rassurer au sujet de Marcel puis, après un long silence, il m'a demandé :

— Qu'est-ce que j'ai dit exactement, cette nuit, à Marie?

Là, j'ai marqué un temps avant de répondre :

— Je ne me souviens pas de tout. Mais c'était assez méchant.

Il a baissé la tête. Il me faisait de la peine, mais j'ai pensé à Marie et j'ai ajouté :

— Vous ne devriez pas boire comme ça. Je ne comprends pas, puisque vous pouvez rester pendant des jours sans boire une goutte de vin.

Il a attendu quelques instants, puis il a relevé la tête pour me dire :

— C'est plus fort que moi.

Je lui ai demandé si c'était également plus fort que lui d'insulter Marie comme il l'avait fait et, surtout, de la traiter de putain.

Léandre m'a juré qu'il ne se souvenait pas de l'avoir traitée ainsi. Puis, après avoir réfléchi un moment, il m'a demandé si c'était tout ce qu'il avait dit de vraiment offensant pour Marie. J'ai encore hésité parce qu'il me semblait que ce devait être pour lui quelque chose de très dur. Mais j'ai fini par me décider. Quand j'ai parlé, il a un peu sursauté puis il m'a encore juré que, étant de sang-froid, il n'avait jamais reproché cela à Marie. Il savait que ce n'était pas sa faute si elle ne pouvait pas avoir d'enfant. Il supposait bien qu'elle devait en souffrir autant que lui.

Moi, je sentais qu'il était très malheureux mais que ça devait le soulager de parler. Au fond, chez lui, la parole c'était un peu comme les larmes chez Marie.

A un certain moment, il s'est arrêté. Il a eu un soupir puis il a dit en baissant la voix :

— Tu comprends, petite, c'est surtout quand on a raté sa vie qu'on voudrait avoir un gosse. On en a besoin. Pour faire en sorte que lui, au moins, il ne rate pas la sienne.

Il s'est encore arrêté puis, relevant la tête, il m'a montré du menton le fond du val et il m'a dit :

— Tu vois, on est dans un cul-de-sac, ici. Eh bien! moi, c'est pareil. Je suis un cul-de-sac. Après moi, il y a plus rien.

Et il s'est remis à parler. Il a parlé longtemps pour m'expliquer comment il avait cru pouvoir être un grand comédien. Brassac c'est le nom de son village natal. En réalité, il s'appelle Durand, mais il a pris ce nom quand il faisait du théâtre. Maintenant, ça ne lui fait plus rien qu'on l'appelle Durand, sauf quand il est saoul. Ça, je m'en étais aperçue. Il m'a expliqué aussi qu'il a épousé Marie à l'âge de quarante ans, quand il a vu que sa carrière théâtrale était ratée. Il était sans argent, sans travail. Elle avait ses terres, alors il est venu s'installer là. Depuis, il n'en est plus sorti que pour aller se saouler et se donner en spectacle à Lyon.

A un moment donné, il s'est arrêté, il m'a regardée puis il a baissé les yeux pour dire :

— Le plus dégueulasse, c'est que je dois tout à Marie. Non seulement les terres et la maison, mais quand je me saoule comme ça, c'est toujours avec de l'argent à elle. Des titres qu'elle a et qui pourraient nous aider à mieux vivre. C'est terrible, tu sais, de ne pas pouvoir y penser au moment où ça serait utile.

Pendant qu'il parlait, le petit chien noir qu'il avait ramené la veille est venu s'asseoir entre ses pieds. Il s'est mis à le caresser puis comme il s'arrêtait de parler je lui ai demandé où il l'avait trouvé. Il m'a regardée un instant avant de me dire :

— Je ne l'ai pas trouvé. Je n'ai jamais trouvé aucun chien. Je vais les chercher au refuge.

Je lui ai demandé pourquoi il allait si souvent chercher des chiens puisqu'il savait que ça déplaisait à Marie.

— Je ne sais pas, m'a-t-il dit. Je ne sais pas. Ça aussi, c'est plus fort que moi.

Alors j'ai pensé au jour où il m'a ramenée avec lui et je n'ai plus rien dit.

Comme il était déjà tard, nous sommes remontés dans la coupe, Léandre a rassemblé ses fagots et ramassé sa hache et sa serpe. Il a passé le manche de sa hache dans l'anse de la gamelle, moi j'ai pris la musette et nous sommes revenus avec les chiens qui gambadaient autour de nous.

Le vent soufflait toujours aussi fort et il me faisait encore, comme le matin, cette impression de main courant tout autour de mon corps. Cependant, j'y prêtais moins attention parce que je pensais à tout ce que Léandre m'avait raconté.

13

J'y ai pensé encore tout le long du chemin en regardant le dos de Léandre qui marchait devant moi, sa hache sur l'épaule. De temps à autre il s'arrêtait, se retournait pour voir si je suivais bien et il me souriait. Et j'avais beau me souvenir de la scène de la nuit, de son visage répugnant d'ivrogne, à plusieurs reprises je me suis dit que si j'avais eu un père, j'aurais bien aimé qu'il soit comme Léandre. Mais ma grand-mère ne m'avait jamais parlé ni de mon père ni de ma mère. Moi-même, je n'avais jamais pensé à eux et je me demande encore pourquoi j'ai eu soudain cette idée en voyant devant moi ce dos large et un peu voûté.

Quand nous sommes sortis du bois, Léandre s'est arrêté à l'endroit même où il m'avait amenée le premier jour. Nous étions un peu essoufflés tous les deux et nous nous sommes assis au pied du talus pour être abrités du vent. Il n'était pas tard, mais, avec le ciel couvert, tout le val était déjà triste comme il l'est à la tombée de nuit. Les chiens rôdaient autour de nous. La petite noire venait plus souvent que les autres flairer Léandre et se faire caresser. Au bout d'un moment, elle s'est couchée entre ses jambes et n'a plus bougé. Léandre lui a pris la tête entre ses mains en me disant :

— Vous voyez, elle me connaît déjà bien.

Il a paru réfléchir un temps puis il a ajouté :

— C'est drôle, chaque fois que j'ai recueilli un chien, je n'ai jamais été déçu.

Là encore, j'ai revu le jour de notre rencontre. Et, parce que je voulais occuper ma pensée à autre chose, j'ai rappelé à Léandre qu'il m'avait promis de me raconter l'histoire de cette vallée. Il m'a regardée un instant avant de me dire :

— Vous savez, c'est pas une histoire bien gaie.

J'ai répondu que ça n'avait pas d'importance et il s'est mis à parler.

Lorsque lui, Léandre, était arrivé ici — au moment de son mariage avec Marie — il restait encore une grosse famille dans la ferme maintenant abandonnée et que l'on aperçoit entre les arbres. Dans l'autre maison, en plus de Roger alors tout jeune, il y avait son père et sa mère et quatre autres enfants. Cela faisait du monde dans le val, mais ces gens ne se rencontraient que dans les prés ou ne venaient l'un chez l'autre que pour demander un service.

C'était Léandre qui avait eu l'idée de ce jeu de boules.

Et maintenant, il me racontait tout ça simplement, sans faire de grands gestes et sans prendre sa voix de théâtre. De temps à autre, il s'interrompait, regardait longuement la colline au jeu de boules, puis il reprenait :

— Au début, ils ont rigolé quand je leur en ai parlé. Mais, comme c'était l'hiver et que le travail n'abondait pas, on l'a fait tout de même. Alors, déjà rien que de le faire je crois qu'ils y ont trouvé du plaisir. On s'y était tous mis, les femmes et les gosses aussi. Et c'était la rigolade à longueur de journée. Tant que le soir on avait peine à se quitter.

Plus Léandre racontait, plus le ton de sa voix baissait. A la fin, j'avais l'impression qu'il m'avait oubliée et parlait pour lui seul.

— Tous les dimanches, on y allait. Pour nous arrêter fallait vraiment que le temps soit mauvais. Chacun apportait quelque chose, et on mettait tout en commun pour faire un gros repas. Nous on jouait aux boules, les femmes tricotaient en faisant la parlote et les gosses s'amusaient.

Là, j'ai cru qu'il avait terminé parce qu'il est resté un bon moment sans rien dire. Toujours avec le regard qui allait de la colline à la maison de Roger et à la ferme abandonnée. Cependant, après ce long silence, il a soupiré avant de dire en se tournant vers moi.

— C'était rien, tu comprends, ça changeait pas grand-chose si tu veux, mais c'était la vie. Et puis, les vieux qui étaient là, c'était des hommes. Nous, avec la Marie, on n'a pas assez de terre en culture pour avoir un cheval, c'est pourquoi je laboure avec la vache. Mais c'est pas facile. Et ça vaut rien pour la bête. A ce moment-là, c'était le père de Roger qui venait avec sa jument. Moi, je lui rendais son temps quand il abattait son bois.

J'ai demandé alors pourquoi Roger n'avait pas continué. Léandre a haussé les épaules en disant :

— On ne peut pas lui en vouloir. C'est lui qui a tenu le plus longtemps, après la mort des vieux. Seulement, une fois seul, faut reconnaître que ça ne devait pas être bien drôle. Alors, un jour il a fait comme les autres, il a trouvé du travail à l'usine. Pourtant, il est le seul à revenir, les autres on ne les a jamais revus.

Léandre a soupiré encore. Bob était venu se coucher entre nous deux et il avait posé sa tête sur mes jambes. Léandre l'a caressé un moment avant d'ajouter :

— Qu'est-ce que tu veux, faut vraiment être dégoûté du monde pour vivre là comme je le fais... Ou alors, faut être comme Marie, être né là et n'avoir jamais pensé à la possibilité d'une autre vie.

Il faisait de plus en plus sombre et je commençais à sentir le froid de la terre traverser mon manteau. Je me suis levée. Nous avons repris le sentier entre les arbres qui avaient déjà leurs formes de nuit.

Léandre ne parlait plus. Il allait de son grand pas qui balançait contre son dos la petite marmite de fonte.

Moi, je le suivais sans cesser de penser à cette petite vallée. Au temps du jeu de boules et des gens qui riaient.

Je ne sais pas si cela venait de ce que la nuit tombante transformait tout autour de moi, mais il me semblait que ces personnages étaient à moi. C'était étrange comme impression : ils étaient là, et j'avais le pouvoir de leur faire faire ce que je voulais.

J'étais à peu près dans le même état que lorsqu'on vient de se réveiller et qu'on voudrait continuer un rêve.

Il y avait aussi, qui bourdonnaient sans cesse à mes oreilles, ces mots de Brassac : « Une autre vie. » Et, à ce moment-là j'ai eu cette vision curieuse de la vallée fermée qui contenait une vie. Tout autour, c'était « une autre vie ».

C'est alors que nous sommes sortis de la dernière châtaigneraie. J'ai aperçu, tout au bout du sentier, la lumière de l'écurie où Marie devait traire. J'ai pensé à elle. C'était en parlant d'elle que Léandre avait dit : « Une autre vie. »

Bien sûr, Marie n'avait certainement jamais pensé à vivre ailleurs. Alors je me suis dit que si les circonstances l'avaient voulu, Marie, faible de caractère comme elle est, aurait très bien pu être putain.

Tout de suite, je m'en suis voulu parce que j'aime bien Marie, mais, pourtant, je crois que j'ai raison.

Nous avons marché jusque dans la cour. Là, Léandre a paru hésiter. Peut-être avait-il envie d'aller à l'écurie où Marie se trouvait, peut-être voulait-il aller à la cuisine pour retarder l'instant de la voir? Je ne sais pas. Et je ne sais pas non plus ce qui s'est passé en moi d'un seul coup. J'ai pris le bras de Léandre, je me suis plantée devant lui et je lui ai dit :

— Léandre, faut me promettre de ne plus vous saouler.

Il s'est penché pour mieux me voir dans la nuit qui s'épaississait. Une minute le vent a soufflé très fort en tournant dans la cour.

— Oui, faudrait.

Léandre a dit ces deux mots à voix presque basse. Puis, se retournant, il a marché très vite vers l'écurie.

14

Je pensais que Léandre voulait parler à Marie et je ne l'ai pas suivi.

Quand ils sont venus me rejoindre à la cuisine, j'avais mis le couvert et nous avons tout de suite commencé de manger. Ils ne parlaient pas. Je n'ai rien osé dire.

Le vent avait redoublé de violence et la lumière s'est éteinte à plusieurs reprises. Chaque fois Léandre éclairait son briquet, mais, avant qu'il ait achevé d'allumer la bougie que Marie avait posée devant lui, la lumière revenait. C'est ce qui a fini par nous faire rire. Pourtant, vers la fin du repas, la lumière s'est éteinte pour de bon. Marie avait justement fait griller des châtaignes, et c'est à la lumière de la bougie que nous les avons mangées.

Des ombres énormes dansaient au plafond et contre les murs. Chaque fois que Marie découvrait le foyer pour y mettre une bûche, la pièce s'éclairait de rouge, les ombres changeaient de place, se multipliaient, dansaient de plus belle tandis que des étincelles giclaient en pétillant. Le feu ronflait très fort et la flamme faisait le gros dos.

J'étais heureuse. Je regardais sans cesse dans les coins d'ombre. Je savais pourtant bien que je n'y trouverais rien d'autre qu'un bout de museau à peine éclairé ou l'angle d'un meuble que je connaissais bien, mais je regardais quand même.

Je n'osais pas dire que j'étais heureuse. D'abord, j'aurais eu peur de ne pas savoir expliquer pourquoi. Et puis, il me semblait qu'il y avait encore quelque chose entre Léandre et Marie. Quelque chose qui paraissait s'être aggravé depuis que la lumière avait disparu.

Pendant longtemps je n'ai rien dit. Pourtant, Léandre semblait tellement soucieux que j'ai fini par lui demander ce qu'il avait. Il m'a expliqué que le vent avait très bien pu démolir la ligne électrique à l'intérieur de sa propriété. Cela s'était déjà produit à plusieurs reprises, et chaque fois la réparation avait coûté très cher. En outre, lors du dernier accident de ce genre, les hommes de la Compagnie avaient dit que la ligne était trop vieille et ne supporterait certainement plus beaucoup de réparations. Alors Marie a soupiré en disant :

— Si on est obligé de la refaire, avec l'année qu'on a eue, je me demande où on prendra les sous.

Elle a marqué un temps avant de dire encore à voix très basse :

— C'est qu'il faut vivre... Ça coûte.

J'ai bien vu que Léandre me regardait, puis qu'il regardait Marie, mais elle n'a pas levé les yeux.

Tout ce qu'il y avait de joie en moi s'était

arrêté de remuer. Les ombres sur le mur dansaient moins que tout à l'heure.

J'allais dire que j'étais fatiguée et monter dans ma chambre quand les chiens ont couru vers la porte. Seule la petite noire a jappé deux fois. Léandre les a regardés, puis aussitôt il s'est levé en disant :

— Ça ne peut être que Roger.

En effet, nous avons bientôt entendu la moto qui est venue s'arrêter devant la porte. Léandre est sorti en ouvrant à peine pour éviter que les chiens le suivent. Moi je pensais toujours à la phrase de Marie : « C'est qu'il faut vivre... Ça coûte. » J'avais envie de lui dire bonsoir et de monter avant le retour de Léandre. Mais j'ai hésité trop longtemps et les deux hommes sont entrés.

Aussitôt, tous les chiens se sont précipités sur Roger et lui ont fait une fête incroyable. Il portait un grand sac à pommes de terre qu'il a posé sur une chaise. Léandre a crié un coup, tous les chiens ont fait le cercle en attendant leur os. Une fois la distribution terminée, Léandre a emporté le sac au fruitier.

Marie a fait asseoir Roger après me l'avoir présenté. Je le voyais mal à cause de la bougie qui était entre nous deux. Quand Léandre est revenu, il a tout de suite demandé à Roger s'il y avait du courant à Loire. Roger a répondu que oui et Marie s'est mise à se lamenter en disant qu'il n'y avait plus de doute, que la ligne était certainement cassée dans la partie leur appartenant.

Léandre l'a laissé dire un moment puis il l'a interrompue :

— Tais-toi, ça ne sert à rien de pleurer.

— Tu peux bien dire, mais où est-ce qu'on prendra les sous?

Roger est intervenu.

— Je comprends pas que vous vous fassiez tant de soucis maintenant. Ça peut bien être le long de la route. Rien ne prouve que ce soit dans la partie qui est à vous.

Sa voix était douce et il parlait posément.

Ils ont discuté encore un moment de la ligne électrique, puis Léandre a demandé à Roger quelle idée il avait eue de venir à une heure pareille et avec ce temps-là. Roger a expliqué que le lendemain il avait l'intention de démonter entièrement sa moto pour la nettoyer et qu'il lui fallait bien sa journée.

Il restait des châtaignes grillées, Marie a remis une bûche dans le feu et apporté sur la table un litre de vin. Nous avons mangé et bu, mais personne ne parlait. Dehors, le vent menait toujours la sarabande, mais dans la pièce, il y avait un autre bruit qui meublait. C'était le bruit que faisaient les chiens en rongeant leur os. De temps à autre l'un d'eux grognait, mais ça n'allait jamais jusqu'à la bagarre. Bob s'était mis sous la table, contre mes jambes. A un certain moment j'ai dû le repousser parce qu'il me bavait sur les pieds. Il s'est retourné et j'ai vu que Roger, en face de moi, se penchait pour regarder. Il a dit en riant :

— T'en tiens de la place toi, le gros.

Et il a déplacé sa chaise vers la gauche. Ainsi, je le voyais mieux et j'ai remarqué tout de suite qu'il avait des yeux très noirs et les cheveux noirs très courts mais frisés.

Nous avons parlé des chiens. A part Marie qui ne disait pas un mot, j'ai bien senti que cette conversation était un soulagement pour chacun. Voyant que Roger parlait des bêtes avec beaucoup d'amitié, je lui ai demandé pourquoi il n'avait pas de chien. Mais ça lui est impossible. A Givors, il n'a qu'une petite chambre garnie et, ici, il ne vient qu'une fois par semaine. Là, Léandre s'est mis à rire en disant :

— Il n'a pas de chiens mais les miens sont autant à lui qu'à moi puisqu'il les nourrit. D'ailleurs, quand il est chez lui, si j'ai quelque chose à lui dire je fais un mot, je l'attache au collier du vieux Dik ou de Bob et je dis : « Va chez Roger. » Et vous pouvez être tranquille, dix minutes après, la commission est faite.

Nous avons bavardé encore un moment, et puis Roger a dit qu'il allait partir. Il a serré la main à Marie puis à moi. Il a hésité un peu avant de me dire :

— Un dimanche, faudra venir voir ma maison. C'est pas que ce soit bien joli, mais la vue sur le vallon n'est pas la même qu'ici.

Léandre est sorti pour l'accompagner et enfermer les chiens. La moto a pétaradé mais le vent a bientôt emporté le bruit du moteur.

J'ai attendu le retour de Léandre et je suis montée dans ma chambre.

Je ne me suis pas déshabillée tout de suite. Je suis restée plusieurs minutes à écouter le vent. Depuis mon arrivée ici, c'est la première fois qu'il souffle si fort. Toute la maison tremble. Au grenier, c'est comme si on piétinait.

J'ai fait le tour de ma chambre. J'avais posé sur la cheminée la bougie que Marie m'avait donnée. Machinalement j'ai caressé les meubles, le marbre de la cheminée. Et, petit à petit, j'ai senti en moi comme une boule qui durcissait.

Je me suis couchée parce que j'avais froid.

Maintenant je n'ai plus froid sous l'édredon de plume et dans le matelas très doux où mon corps a creusé sa place. Je ne suis pourtant pas à mon aise. Les autres soirs, avant de m'endormir, je reste longtemps à écouter la nuit sans penser à rien.

Ce soir, je ne peux pas. Il y a les paroles de Marie : « Il faut vivre... Ça coûte. » Et, peu à peu, je sens que ces quelques mots font bien plus de bruit que la tempête.

Il a suffi de ces quelques mots pour que tout m'effraie. Il y a en moi une foule d'images qui se bousculent. Depuis mon départ de chez grand-mère jusqu'à mon arrivée ici. Toute cette partie de ma vie que je croyais avoir quittée définitivement. Ce qui est, pour moi, cette autre vie dont Léandre parlait cet après-midi.

Le départ de chez grand-mère qui pleurait parce qu'elle ne pouvait plus me nourrir. Tout de suite après, les patrons. La première vendeuse toujours bien habillée. Cette première vendeuse qui m'a éblouie. J'avais quinze ans, j'étais arrivée à Lyon avec ma robe de petite paysanne. Cette fille m'offrait de me présenter à un ami qui m'aiderait. L'ami, ce vieux qui m'a donné un peu d'argent. Cet argent dont on ne m'a pas laissé le temps de profiter. La maison de redressement. Cinquante-quatre mois à compter les jours. Cinquante-quatre mois à vivre uniquement avec de vraies putains, toutes mineures comme moi, mais qui m'ont appris ce qu'est le métier.

Et puis, ma majorité, ma libération avec Marcel qui m'attendait. Marcel que je ne connaissais pas mais qu'une camarade avait avisé de ma sortie pour qu'il « se charge de moi ». Ensuite, la vie la mieux réglée, la plus monotone qui soit. Subir un homme après l'autre.

Bien sûr, je comprends Marie. Je comprends; il faudra que je prenne une décision.

Autour de la maison, il y a la tempête. On dirait que c'est le val tout entier qui se démène. Le val tout entier. Ce val où, tantôt, je voyais une vie.

Je sais bien qu'ici il n'y a rien. Et pourtant, maintenant que j'y réfléchis je m'aperçois que je ne me suis jamais ennuyée. Quand il m'arrive de rester seule avec Marie pendant tout un jour alors que Léandre est aux champs, si je trouve le temps long, je n'ai qu'à sortir, faire trois pas dehors pour trouver du nouveau. Souvent, je vais jusqu'au bout de la cour, je m'assieds durant des heures sur le banc de pierre devant l'écurie et je regarde la mare avec le peuplier debout sur son reflet.

Il va peut-être falloir que je retourne à Lyon. Encore une fois je sens très bien que je devrais prendre une décision, mais je crois que le mieux sera de demander conseil à Léandre.

QUATRIEME PARTIE

15

Il y a une chose que je n'arrive pas à comprendre : voilà plus de trois mois que je suis ici, j'ai l'impression d'y être arrivée hier et, pourtant, le temps que j'ai vécu à Lyon me semble déjà très loin.

En tout cas, ce que je n'oublierai jamais, c'est cette veillée de novembre où j'ai fait la connaissance de Roger. Depuis, j'y ai souvent pensé et j'ai compris pourquoi je ne l'oublierai pas. Je ne sais comment expliquer cette chose bizarre, mais, dans cette soirée, il y avait trois fois plus de temps qu'il pouvait y en avoir en réalité. Il y avait le vrai temps qui passait, bien sûr, avec Léandre, Marie, les chiens et moi, et Roger qui est arrivé ensuite. Et puis, il y avait aussi mon enfance vraiment réveillée cette fois, à cause de la bougie, des ombres qui dansaient au plafond et contre les murs. En plus de cela, il y avait la phrase de Marie, cette phrase que j'entendais sans cesse.

Ça, c'était le plus dur. C'était ce que je ferais, ce qu'on ferait de moi.

Et c'est à cause de cette phrase que je n'oublierai jamais non plus la nuit qui a suivi cette soirée.

A 3 heures du matin je ne dormais pas encore. Chaque fois que le sommeil me gagnait j'étais éveillée aussitôt par des cauchemars.

D'abord, il y avait ce vent terrible, mais il y avait surtout Lyon. Ma vie que je revoyais. « L'autre vie. » Celle qui se trouve de l'autre côté des collines qui ferment le val.

Je me suis endormie très tard et il était à peine 5 heures du matin quand la lumière m'a réveillée. Le soir, en montant me coucher, j'avais dû tourner machinalement l'interrupteur. Je suis allée éteindre naturellement, mais je n'ai pas pu me rendormir.

Le vent soufflait moins fort, et ce n'était plus lui qui me tenait éveillée. C'était encore les mots de Marie et tout ce qu'ils m'avaient fait redouter, mais c'était aussi autre chose. Cette même impression que m'avait procurée, la nuit précédente, le corps de Marie à côté du mien; ou, encore, le vent qui m'avait fait penser à des mains tout autour de mon corps.

J'ai essayé de compter pour m'endomir..J'ai essayé de penser très fort à ce que je ferais s'il me fallait partir. Mais l'impression revenait sans cesse.

Aussi, dès que j'ai entendu descendre Léandre, je me suis levée. Je lui ai dit simplement que la lumière m'avait réveillée. Il m'a répondu en riant :

— Moi aussi, mais je l'avais fait exprès parce que j'étais en souci pour les fils. Donc si c'est revenu tout seul c'est que c'est pas chez nous.

On voyait qu'il était très heureux et, manière de plaisanter, en disant qu'il était content, il m'a prise dans ses bras et m'a embrassée sur les deux joues. Je l'ai embrassé aussi, puis, tout de suite, je l'ai repoussé. Je l'ai fait peut-être un peu fort, en tout cas il a paru surpris.

J'ai dit que j'allais faire chauffer le café parce que j'avais très faim. Léandre s'est mis à rire et à ce moment-là nous avons entendu Marie qui descendait l'escalier. Dès qu'elle est entrée Léandre a crié :

— Tu as vu, c'est pas chez nous. Le courant est revenu!

Marie a eu l'air heureuse aussi et m'a demandé pourquoi j'étais si matinale. J'ai encore raconté l'histoire de l'interrupteur, nous avons ri tous les trois et comme Léandre finissait d'éclairer le feu Marie a fait bouillir l'eau pour le café.

Dès après déjeuner, Léandre nous a dit qu'il retournait achever ses fagots avant que le temps ne se mette à la pluie. Marie a fait remarquer que c'était dimanche et, comme chaque fois, Léandre a dit en riant :

— De toute façon j'ai déjà mon billet pour

l'enfer, alors, ça m'est égal d'être à la poulaille ou au fauteuil d'orchestre.

Au moment où il partait, je lui ai demandé de me laisser Bob en ajoutant que j'irais peut-être faire un tour. Je ne savais pas du tout si je sortirais, mais j'ai demandé ça machinalement.

Pourtant, dès que Léandre a été parti j'ai fait ma toilette. Bob tournait autour de moi sans arrêt parce qu'il sentait que les autres étaient sortis et que nous partirions certainement aussi. A vrai dire je n'avais pas tellement envie de me promener. Une fois habillée je suis restée longtemps debout vers la fenêtre à regarder le val que le vent faisait vivre. Les arbres n'avaient plus une feuille, mais le vent en trouvait encore pour les faire monter du bois en grands tourbillons qui s'élevaient plus haut que la colline. Très loin, sur l'autre versant, j'ai vu Léandre traverser la friche avant de disparaître dans le bois de pins. Il avait emporté la marmite de soupe et je n'aurais rien à lui porter. Je l'ai regretté un instant, puis, comme je quittais la fenêtre Marie est entrée en me disant :

— Ça souffle moins fort et le vent est bien moins froid qu'hier. Si vous voulez sortir, faut pas trop tarder, la pluie viendrait vers les midi que ça ne m'étonnerait pas.

J'ai regardé Bob. Il était assis près de la porte. Il ne me quittait pas des yeux et il avait l'air très malheureux. Quand il m'a vue prendre mon manteau il s'est mis à faire le fou autour de moi. Il a même bousculé Marie qui a ronchonné.

Aussitôt dans la cour, il a flairé et pris la trace de Léandre. J'avais déjà remarqué que lorsque Léandre était dehors, il voulait toujours que nous allions le rejoindre. Mais je l'ai rappelé et je suis partie dans la direction opposée. Léandre était trop loin, et je ne voulais pas être obligée de surveiller Bob sans arrêt.

Au fond, ce qu'il voulait, surtout, c'était pouvoir courir librement et une fois perdue la trace de son maître, je crois qu'il ne pensait plus à le rejoindre.

J'ai emprunté le sentier qui mène à la route mais, bien avant d'y arriver, j'ai pris à droite, dans le bois de châtaigniers qui descend presque jusqu'au fond du val. Sous bois, je sentais moins le vent et je l'entendais davantage faire le fou dans les branches au-dessus de ma tête.

Je le sentais moins, mais assez malgré tout pour avoir encore cette même sensation que la veille. A la fin, cela m'agaçait. J'ai joué avec Bob. Je lui lançais des branches qu'il me rapportait. Quand je les prenais il ne voulait pas lâcher et nous luttions pendant plusieurs minutes. Une fois, j'ai glissé sur une racine, je suis tombée dans les feuilles. D'abord surpris, Bob n'a pas bougé, puis croyant sans doute que je voulais jouer, il s'est jeté sur moi juste au moment où je me relevais. Je suis retombée. Je le tenais serré contre moi. Nous avons roulé dans les feuilles. J'ai senti son souffle chaud dans mon cou. Alors, sans réfléchir, je l'ai repoussé en lui donnant une claque sur le museau. J'ai crié :

— Va-t'en!

Sur le coup il s'est éloigné de quelques pas. Tandis que je me relevais en brossant mon manteau, il m'a regardée avec ses yeux tristes, et, comme chaque fois, il m'a fait pitié. Je l'ai caressé et je me suis remise à lui lancer des branches.

Nous sommes descendus ainsi jusqu'au ruisseau. Là, le vent ne soufflait presque plus. Je me suis assise au pied d'un arbre. La marche et les jeux avec Bob m'avaient essoufflée. J'ai été calme pendant un moment. Bob aussi devait être essoufflé car il a bu longuement au ruisseau. Quand il a eu fini, il a secoué sa grosse tête en faisant gicler de la bave. Ensuite, il est venu s'asseoir contre moi. J'ai encore senti son souffle sur ma figure, sa patte qu'il posait sur ma cuisse. Je ne l'ai pas grondé, cette fois, mais je me suis levée et j'ai repris le chemin de la maison.

16

En général, quand Léandre restait aux champs toute la journée, Marie ne servait à midi qu'une soupe et un autre plat. Elle réservait le repas le plus important pour le soir. Ce dimanche-là, elle avait fait de même si bien qu'à une heure nous avions fini de manger.

De m'être retrouvée seule en face de Marie m'avait fait penser de nouveau à ses paroles de la soirée. Je l'ai observée à plusieurs reprises, elle n'avait pas l'air plus triste ni plus préoccupée que les autres jours. Elle n'avait rien dit au cours du repas, mais cela n'était pas étonnant. En l'absence de Léandre, il nous arrivait de rester des journées entières sans échanger plus de trois paroles. Nous n'avions rien à nous dire, simplement.

Comme chaque dimanche, nous avons bu le café.

Quand Marie s'est levée, je me suis levée aussi pour l'aider à desservir. Ensuite, je suis allée jusqu'à la fenêtre.

Bob était sur mes talons.

Rien n'avait changé. Le ciel restait couvert. Le vent soufflait aussi fort.

Pendant un très court instant, j'ai eu l'impression que le temps s'arrêtait. Puis, qu'il continuait de couler devant moi dans le val, mais que derrière moi, dans la cuisine, il demeurait en suspens.

Quand j'y pense à présent cela me paraît curieux. Mais je reste certaine que c'est ce qui m'a poussée à sortir cet après-midi-là. A cet instant précis, il n'y avait rien d'autre pour m'attirer dehors. C'était à peine si je sentais la tête de Bob appuyée contre ma jambe.

Je ne suis pourtant pas restée longtemps devant la fenêtre. Je me suis retournée, j'ai dit à Marie que j'allais faire un petit tour et je suis sortie.

Comme le matin, Bob a filé sur les traces de son maître. Cette fois je ne l'ai pas rappelé. Je me disais que j'obliquerais bientôt à gauche pour gagner rapidement le fond du val.

Pourtant j'ai suivi le sentier jusqu'à l'endroit où Léandre m'avait amenée le premier jour. J'y étais repassée souvent. Je m'étais arrêtée chaque fois.

Là encore je suis restée un moment à regarder la colline au jeu de boules et les maisons. Puis, comme Bob ne tenait pas en place, j'ai repris ma route.

Il ne m'était plus possible de gagner le fond du val qu'en revenant sur mes pas ou en traversant des friches presque impraticables. J'ai continué jusqu'à l'endroit où le sentier se partage en deux. Bob avait pris à droite. Bien sûr, il grimpait vers le bois de pins où se trouvait Léandre. Je n'avais plus guère qu'une demi-heure de marche pour atteindre ce bois. Pourtant, j'ai rappelé Bob. Il a hésité, mais, comme je sifflais de nouveau il est revenu.

J'ai regardé un moment vers le fond du val. Il devait y faire meilleur qu'ici où le vent soufflait assez fort.

En prenant à gauche le sentier montait beaucoup moins. A vrai dire, je ne l'avais jamais emprunté. Léandre ne possédait aucune terre de ce côté-là et je n'avais pas dépassé ce croisement. Je savais cependant que ce sentier conduisait à la maison de Roger, mais ce n'est pas pour cela que je m'y suis engagée.

J'ai d'ailleurs été surprise de me trouver si vite à proximité de la maison. J'avais marché tout le temps entre deux vieilles châtaigneraies. Les arbres étaient énormes et très beaux. Les châtaignes n'avaient pas été ramassées et, à mesure que j'avançais, j'écrasais des bogues encore vertes d'où les fruits giclaient tout luisants.

Puis, en débouchant à un tournant, j'avais aperçu le toit et les murs, de l'autre côté du jardin.

Je suis restée longtemps debout à la lisière du bois. Je ne pensais à rien. Je me suis dit simplement que Roger devait être en train de nettoyer sa moto.

Je n'avais jamais vu la maison d'aussi près, ni sur cette face. Aux deux fenêtres du premier étage, les volets étaient fermés, en bas la seule fenêtre était fermée également mais les volets étaient ouverts. Il y avait des rideaux et j'ai pensé que c'était la cuisine.

On ne peut jamais affirmer que l'on aurait fait ou que l'on n'aurait pas fait telle chose si tel événement ne s'était pas produit. Moi, en tout cas, je trouve que les « si » sont inutiles, et j'avoue que je ne sais pas du tout ce que j'aurais fait sans l'arrivée de Roger.

Quand je l'ai vu tourner le coin de la maison avec le chien qui gambadait autour de lui, j'ai compris tout de suite ce qui s'était passé. Mais Roger ne s'attendait pas à me voir. Je l'ai senti à son premier regard et d'ailleurs dès qu'il a été près de moi il m'a dit :

— Quand j'ai vu Bob sans commission à son

collier, j'ai pensé que Léandre ne devait pas être bien loin.

Je n'ai rien répondu. Je n'ai pu que rire en lui tendant la main. C'est seulement quand il m'a invitée à entrer chez lui que j'ai dit :

— Non, vous êtes en train de travailler, je ne veux pas vous déranger.

Roger m'a alors montré ses mains comme une preuve qu'il ne mentait pas en disant :

— Justement je viens de finir de manger. J'ai voulu tout démonter avant, pour que ça ait le temps de tremper au pétrole.

Tout en parlant il s'était mis à traverser le pré et je l'ai suivi.

Il m'a fait entrer dans la cuisine et j'ai vu tout de suite que je ne m'étais pas trompée.

J'ai trouvé la pièce petite comparée à la cuisine de Léandre, mais très agréable à cause d'une deuxième fenêtre donnant sur le val et d'où l'on voit la colline au jeu de boules. Malgré le temps, il faisait clair.

Roger a remis une bûche sur le feu. Il faisait chaud. J'ai quitté mon manteau et j'ai pensé tout de suite que c'était ridicule puisque je n'avais pas l'intention de rester longtemps.

Cependant je suis restée parce que Roger a voulu que je boive le café. Ensuite, il a posé sur la table une bouteille remplie de marc avec, dedans, un petit bonhomme en bois grimpant à une échelle. Il m'a dit que c'était son père qui l'avait fait pour occuper ses veillées d'hiver. Il a ajouté qu'il tenait beaucoup à cette bouteille parce qu'elle lui rappelait une époque de sa vie qu'il regrettait.

J'ai pensé à Léandre et à l'histoire du jeu de boules.

Il a fallu que je boive du marc et pourtant, je ne l'ai jamais beaucoup aimé. Il m'a fait tourner la tête parce que, depuis mon arrivée chez Léandre, je ne buvais plus du tout d'alcool. Mais je n'étais pas ivre, loin de là. Et, quand Roger m'a demandé si je voulais visiter sa maison, j'ai très bien senti ce qui pouvait arriver.

J'ai dit oui. Et, à ce moment-là, j'ai vraiment compris que depuis plusieurs jours j'avais envie d'un homme.

Roger m'a d'abord montré une chambre qui avait été celle de ses parents, puis il m'a fait entrer dans la sienne.

Nous n'avons pas dit un mot ni l'un ni l'autre. Je suis d'abord allée jusqu'à la fenêtre. J'ai regardé le val. Quand je me suis retournée, Roger était derrière moi. Je me suis approchée d'un demi-pas à peine. Il s'est peut-être avancé un peu aussi, mais je crois que c'est surtout moi qui l'ai embrassé. J'ai aimé Roger deux fois. Lui aussi a été heureux.

Quand nous nous sommes levés, le jour baissait déjà. J'ai dit :

— Il faut que je rentre, Marie s'inquiéterait.

Roger m'a embrassée puis il m'a demandé :

— Tu reviendras?

J'ai promis de revenir.

Roger m'a accompagnée jusqu'au bout du pré,

mais il avait sa moto à remonter et je n'ai pas voulu qu'il vienne plus loin.

J'ai couru pendant la première partie du trajet. J'étais à bout de souffle et plusieurs fois j'ai dû m'arrêter et m'adosser à un arbre.

Ce n'est qu'en arrivant au fond de la combe que je me suis arrêtée plus longtemps. J'ai respiré très fort, et puis, je crois bien que je me suis mise à rire toute seule. Je riais, parce que, au fond, j'avais couru comme si j'avais eu une nouvelle importante à annoncer à quelqu'un.

17

Mais non, bien sûr que je n'avais rien à annoncer à personne. Au contraire, pendant tout le mois qui a suivi, je me suis arrangée pour rencontrer Roger chaque dimanche sans éveiller l'attention de Léandre et de Marie. Je trouvais toujours un prétexte pour sortir seule avec Bob. Ce n'était pas tellement facile, car souvent le temps n'était pas très beau. Cependant, ces promenades ne semblaient pas bizarres puisque je sortais tous les jours. J'étais obligée; autrement les semaines m'auraient paru trop longues.

La première semaine je suis revenue plusieurs fois rôder autour de la maison de Roger. Par la suite, il m'a donné une clef et j'ai pu entrer et sortir à ma guise. Je ne restais jamais bien longtemps à l'intérieur parce que je ne pouvais pas allumer de feu. Si Léandre avait vu de la fumée, il aurait pu se douter de quelque chose et venir. Le plus souvent, je m'asseyais sur le banc de pierre dans la cour qui est très petite. Comme il y a des murs assez hauts tout autour, au moindre rayon de soleil il y fait chaud. J'ai pensé souvent aux vieux qui avaient dû venir s'asseoir sur ce banc durant des journées entières. Je les imaginais très bien, penchés en avant, le menton appuyé sur des mains sèches posées sur leur bâton. Seulement, chaque fois, je m'en allais un peu triste sans comprendre pourquoi.

Il m'a fallu plusieurs semaines pour me dire que j'étais triste parce que tout dans cette cour était mort.

Au temps où les vieux somnolaient sur le banc, il devait y avoir constamment de la vie autour d'eux. Moi, je n'avais que Bob qui se chauffait à côté de moi. Les clapiers étaient vides, les portes ouvertes. Le poulailler était vide aussi. Et ce que je regardais le plus souvent, c'était la petite cabane adossée à la maison. A l'intérieur, il y a encore le four à pain. Ce four me rappelait des jours de fête, avec une bonne odeur de brioche.

Un dimanche, j'ai expliqué à Roger cette tristesse que je ressentais devant ces choses mortes.

Il a hoché la tête un moment puis il m'a dit :

— Moi aussi, au début j'ai cru qu'elles étaient mortes. Mais je crois que les choses ne sont jamais mortes. Seulement elles peuvent dormir très longtemps.

Je n'ai rien répondu, mais à partir de ce jour-là, je n'ai jamais été aussi triste en quittant la petite cour.

Et puis, à partir de décembre, j'ai eu autre chose pour m'occuper l'esprit. J'ai attendu jusqu'au quinze pour être bien sûre de ne pas me tromper. Et, le dimanche suivant, j'ai annoncé à Roger que j'étais enceinte.

J'avais attendu d'en être certaine, mais je ne m'étais même pas demandé si Roger serait content ou mécontent. Moi-même j'y pensais sans cesse, mais à vrai dire je n'éprouvais ni joie ni peine. Quand je l'ai dit à Roger, il a d'abord paru abasourdi. Puis il m'a serrée contre lui en disant :

— Tu es sûre? Tu es sûre?

J'ai dit :

— Oui, ça ne peut pas être autre chose.

Alors il m'a embrassée très fort et il m'a dit qu'il était très heureux. Je lui ai demandé pourquoi, et il m'a dit :

— D'abord à cause de l'enfant et puis, comme ça, je suis sûr que tu ne partiras pas.

Nous avons passé le reste de l'après-midi à discuter pour savoir ce qu'il fallait faire. Roger voulait tout de suite prévenir Léandre. Il disait qu'il le connaissait assez pour savoir qu'il serait aussi content que nous. Moi, je ne sais pourquoi, j'avais un peu peur. Comme si Léandre avait été mon père et que j'aie dix-huit ans.

Pourtant, il commençait à faire très froid et c'était de plus en plus pénible d'être obligée de sortir ainsi en cachette pour retrouver Roger. Je crois que c'est surtout pour ça que j'ai accepté.

Roger est donc revenu avec moi. C'était la première fois que nous faisions le chemin tous les deux. Il était déjà venu m'accompagner, mais jamais jusqu'au bout, à cause des espaces découverts que l'on pouvait voir depuis chez Léandre. Nous avons marché très lentement en nous arrêtant souvent. Bob s'impatientait. Il venait faire le fou autour de nous et Roger lui lançait des branches.

Quand nous sommes arrivés près de la maison, il faisait déjà sombre. Léandre était seul à la cuisine. Assis près du feu, il devait somnoler car je crois qu'il a sursauté quand Bob lui a posé ses pattes sur les genoux. Tous les autres chiens sont venus vers nous. C'était surtout après Roger qu'ils sautaient. Mais il n'avait rien à leur donner parce qu'il avait déjà apporté son sac d'os le matin.

Quand Léandre nous a vus tous les deux, il a dit :

— Salut, les amoureux.

Nous nous sommes regardés, Roger et moi, mais il faisait trop sombre pour se voir vraiment.

Brassac m'a justement demandé d'allumer puisque j'étais vers la porte, mais Roger a tout de suite dit :

— C'est pas la peine, tant qu'on y voit encore un peu, on est mieux sans lumière.

J'ai pensé que Marie devait être en train de soigner ses bêtes. J'aurais voulu que Roger se dépêche de parler. Au fond, je crois que c'était la réaction de Marie que je redoutais le plus.

Nous nous sommes assis à côté de Léandre et c'est lui qui a demandé à Roger :

— Alors, qu'est-ce qui t'amène à pareille heure?

Roger a toussé deux fois. Il a hésité un peu et puis, d'un coup, il a dit que j'attendais un enfant de lui et qu'il voulait m'épouser.

Tout d'abord Léandre n'a rien dit. Il n'a pas fait un geste. Ce silence de quelques secondes m'a paru terriblement long. Deux fois j'ai regardé la porte. J'avais peur de voir entrer Marie.

Enfin, Brassac a dit très bas, comme pour lui seul :

— Ben alors... Ben alors...

Puis il s'est levé brusquement. Il est venu jusque vers moi. Il m'a empoignée par les deux épaules; j'ai compris qu'il essayait de voir mon visage dans le restant du jour. Il a dit, exactement comme Roger :

— Tu es sûre? Tu es bien sûre?

J'ai fait oui de la tête. J'avais la gorge sèche.

Alors Léandre a bégayé :

— Un... petit... Un, un petit.

Il m'a lâchée pour courir jusqu'à la porte qu'il a ouverte toute grande. Du seuil, sans sortir, il s'est mis à crier :

— Oh! Marie. Oh! Marie... Ecoute un peu!

J'ai entendu les sabots de Marie de l'autre côté de la cour. Aussitôt Brassac a crié :

— Marie! Un petit. On va avoir un petit!

Là, il avait sa voix de théâtre avec son accent du Midi un peu forcé.

Roger était debout à côté de moi. Cette fois, il faisait presque noir.

Marie est venue en sabotant plus vite que jamais. Comme elle arrivait, Léandre a tourné le bouton. La lumière m'a fait un peu mal. Ils sont entrés tous les deux et j'ai à peine eu le temps de m'essuyer les yeux pour ne pas qu'ils voient que je pleurais.

18

Ce soir-là Roger a mangé avec nous et il est parti très tard. Quand Léandre est revenu après être allé l'accompagner et coucher ses chiens, il nous a annoncé qu'il neigeait. Cela m'a rendue très heureuse parce que j'ai pensé qu'il y avait bien longtemps que je n'avais pas vu de la neige. De la vraie neige de campagne.

Le lendemain, en effet, il y en avait plus de vingt centimètres. Les chiens étaient fous. On ne pouvait plus les tenir. Chaque fois qu'on ouvrait la porte ils se précipitaient tous pour sortir. Dans tous les coins de la cuisine il y avait de grandes flaques d'eau. J'avais beau éponger, Marie n'arrêtait pas de crier après les chiens. Elle a fait tant et si bien que Léandre a été obligé de les emmener faire une promenade pour les fatiguer. J'aurais bien aimé l'accompagner, mais je n'avais pas de chaussures pour cela.

Quand Léandre est revenu, il a vu que j'étais toujours derrière la fenêtre. Alors il m'a dit que de toute façon il fallait qu'il descende à Lyon. Il irait dès le lendemain et me rapporterait une paire de bonnes chaussures montantes.

Sur le moment je n'ai pas pensé du tout que Léandre risquait de boire et je n'ai pas fait attention à Marie.

Ce n'est que le lendemain matin, quand je suis descendue après le départ de Léandre, que j'ai vu à quel point Marie était inquiète. Elle avait son visage fermé et, depuis longtemps, je savais ce que ça voulait dire.

Au fond, c'était surtout à cause de mes chaussures que Léandre était parti et j'étais très ennuyée. J'avais peur que Marie finisse par dire que c'était à cause de moi que Léandre allait à Lyon et dépensait de l'argent en beuveries.

Une partie de la matinée s'est écoulée sans que Marie ne dise rien. Moi, je m'occupais surtout à surveiller les chiens qui étaient encore plus excités que la veille en raison de l'absence de Léandre. Bien sûr, le vieux Dik était dehors et il n'était même pas question d'aller le chercher. De temps en temps j'allais jusqu'à la fenêtre. Le val était magnifique sous la neige. Le ciel était toujours gris, et il me semblait qu'il allait en tomber encore.

Plus je pensais à Léandre, plus je me disais qu'il ne se saoulerait pas. Au fond, il ne m'avait jamais rien promis, mais sans savoir pourquoi, j'avais le sentiment que ça n'était plus possible.

Vers midi, je me suis décidée à parler à Marie. Je lui ai demandé si elle m'en voulait. Elle a eu un sourire bien triste en me disant :

— Ma foi non. Vous savez bien que c'est tout le contraire. Mais que voulez-vous, c'est comme ça. On ne peut rien y faire. Faudra toujours qu'il aille de temps en temps.

J'ai eu beau lui dire que j'étais sûre que Léandre ne boirait pas, elle n'a pas voulu me croire. Selon elle, c'était son vice, il fallait en prendre son parti. Tout ce qu'on pouvait espérer c'était qu'il ne ramènerait pas un autre chien. Marie me faisait un peu penser à ces malades qui découragent les médecins à force de se croire incurables. Au cours de l'après-midi, j'ai tout essayé pour la distraire, il n'y avait rien à faire.

Et quand, à 4 heures, les chiens qui avaient fini par se coucher se sont précipités vers la porte, elle leur a crié de rester tranquilles ajoutant que ça devenait impossible. Moi j'ai couru à la fenêtre. C'était bien Léandre. Il marchait vite, sans tituber.

J'avais appelé Marie. Elle a regardé dehors; elle m'a regardée comme si elle n'avait pas été bien sûre de ses yeux. J'ai souri. Alors Marie a murmuré très bas en se retournant :

— Doux Jésus!

Et j'ai vu qu'elle se signait en regagnant sa place vers la cuisinière.

Moi j'ai regardé encore une fois la neige. Le jour baissait. De gros flocons recommençaient à tomber.

19

Et ce matin encore c'est la neige que je vois sur tout le val. Mais le ciel n'est plus gris. Il est bleu, très bleu. La bise souffle. Elle s'est levée le soir de Noël, pendant que nous étions à table. Et voilà vingt jours qu'elle tient. Léandre ne s'est pas trompé.

Mais au fond, maintenant, ça n'a plus d'importance pour moi. Je trouve même que c'est bon d'être bien au chaud dans mon lit et d'entendre souffler la bise. Ce matin à l'aube, Roger s'est levé doucement. Je ne dormais plus mais j'étais encore engourdie. Je n'ai pas ouvert les yeux. Quelques minutes plus tard j'ai entendu sa moto. Je l'ai laissé s'éloigner, puis je suis allée ouvrir les volets. La bise était glacée. J'ai vite refermé la fenêtre et je suis revenue me coucher bien au chaud. Ensuite, j'ai attendu que le jour se lève.

Surtout quand je sais qu'il fait très froid, j'aime voir le jour se lever.

Tout à l'heure, Marie me montera mon déjeuner pour que je puisse rester au lit jusqu'à 11 heures. C'est elle qui le veut et Léandre aussi. C'est d'ailleurs pour cela que je suis encore ici. Ils veulent que je reste jusqu'à mon accouchement pour pouvoir s'occuper de moi. Après seulement je suivrai Roger dans sa maison.

C'est le soir du réveillon qu'ils ont tout décidé. Roger était venu. Marie avait voulu qu'on fasse beaucoup de cuisine.

Au moment de se mettre à table, Léandre est allé chercher ce paquet qu'il avait caché en revenant de Lyon. C'était une brassière bleue. Comme je faisais observer que c'était bien tôt, Léandre a baissé la tête. Il a bafouillé en disant que c'était la première fois qu'il jouait le rôle du Père Noël.

Ensuite, pour nous amuser, il nous a raconté la scène dans le magasin avec les vendeuses. Il imitait toutes les voix. Moi, je regardais surtout Marie. Elle riait. Et c'était la première fois que je la voyais rire.

Ce qui avait fait le plus plaisir à Léandre, c'est quand une vendeuse avait dit qu'avec les grands-pères c'était toujours pareil, il fallait toujours leur donner mieux qu'aux autres.

Depuis, Marie m'a déjà fait voir tout ce qu'elle a de linge dans son armoire et sa commode. C'est elle qui fera les draps et les couches.

Cependant, les premiers jours, Marie n'avait pas l'air vraiment heureuse. A certains moments, elle reprenait son visage fermé. Comme je lui demandais ce qu'elle avait, elle m'a dit :

— Si, je suis heureuse. Seulement, faut le temps de s'habituer. Ça fait drôle de savoir qu'on va être grand-mère sans avoir jamais eu d'enfant.

J'ai eu l'impression qu'elle disait cela avec un peu de regret. Cependant, je suis persuadée qu'elle sera très heureuse.

Moi, je ne me rends pas très bien compte de ce que ça peut être, d'avoir un enfant. Malgré tout, je suis contente d'être là. Je sais que je pourrai y rester. Que personne ne m'obligera à quitter ce lit bien chaud d'où j'entends la bise qui court entre la neige et le ciel.

Vernaison-Quinsonnas
1956-1957.

Cinéma et TV

De nombreux romans publiés par J'ai lu ont été portés à l'écran ou à la TV. Leurs auteurs ne sont pas toujours très connus ; voici donc, dans l'ordre alphabétique, les titres de ces ouvrages :

A la poursuite du diamant vert 1667***	Joan Wilder
Alien 1115***	Alan Dean Foster
Aliens 2105****	Alan Dean Foster
Angélique, marquise des anges	
L'ami Maupassant 2047**	Guy de Maupassant
L'année dernière à Marienbad 546**	Alain Robbe-Grillet
L'Australienne 1969**** & 1970****	Nancy Cato
Blade Runner 1768***	Philip K. Dick
Bleu comme l'enfer 1971****	Philippe Djian
La brute 47***	Guy des Cars
Cabaret (Adieu à Berlin) 1213***	Christopher Isherwood
Carrie 835***	Stephen King
Châteauvallon 1856****, 1936**** & 2140****	Eliane Roche
Christine 1866****	Stephen King
La couleur pourpre 2123***	Alice Walker
Coulisses 2108*****	Alix Mahieux
Cujo 1590****	Stephen King
Dallas 1387**** & 1550****	Burt Hirschfeld
Des fleurs pour Algernon 427***	Daniel Keyes
2001 - l'odyssée de l'espace 349**	Arthur C. Clarke
2010 - Odyssée deux 1721***	Arthur C. Clarke
Le diamant du Nil 1803***	Joan Wilder
Dynasty 1697** & 1894***	Eileen Lottman
E.T. l'extra-terrestre 1378***	Spielberg/Kotzwinkle
E.T. la planète verte 1980***	Spielberg/Kotzwinkle
L'exorciste 630****	William Peter Blatty
Les exploits d'un jeune don Juan 875*	Guillaume Apollinaire
Le faiseur de morts 2063***	Guy des Cars
Fanny Hill 711***	John Cleland
Fletch 1705***	Gregory Mcdonald
Le Gerfaut 2206****** & 2207******	Juliette Benzoni
Isaura 2200**	Bernardo Guimaraes
Jonathan Livingston le goéland 1562* illustré	Richard Bach

Joy *1467*** & ***Joy et Joan*** *1703***	*Joy Laurey*
Kramer contre Kramer *1044****	*Avery Corman*
Le lendemain du crime *2199***	*Eileen Lottman*
L'arme fatale *2231*****	*Joel Norst*
Love story *412** & ***Oliver's story*** *1059***	*Erich Segal*
Mad Max au-delà du dôme du tonnerre *1864****	*Joan D. Vinge*
Michigan Mélodie *1289***	*Jacqueline Monsigny*
9 semaines 1/2 *2259***	*Elizabeth McNeill*
Mission *2092****	*Robert Bolt*
Les oiseaux se cachent pour mourir *1021***** & *1022*****	*Colleen McCullough*
Orphée *2172***	*Jean Cocteau*
Le paltoquet (On a tué pendant l'escale) *1647****	*F.-R. Falk*
Pavillons lointains *1307***** & *1308*****	*M.M. Kaye*
La petite boutique des horreurs *2202**** *illustré*	*R. & L. Egan*
Platoon *2201****	*Dale A. Dyle*
Police *2021****	*Catherine Breillat*
Poltergeist I *1394****	*James Khan*
Poltergeist II *2091***	*James Khan*
Racines *968***** & *969*****	*Alex Haley*
Rencontres du troisième type *947***	*Steven Spielberg*
Rosemary's baby *342****	*Ira Levin*
Sauve-toi, Lola ! *1678*****	*Ania Francos*
Le secret de la pyramide *1945****	*Alan Arnold*
Le secret de mon succès *2216****	*Martin Owens*
Shining *1197*****	*Stephen King*
Star Trek *1071***	*Gene Roddenberry*
Terminus *2122***	*Patrice Duvic*
Thérèse Humbert *1838***	*Laurence Oriol*
37°2 le matin *1951*****	*Philippe Djian*
Les 39 marches *1862***	*John Buchan*
Tropique du crabe *2198****	*André Rossfelder*
Un mari c'est un mari *823***	*Frédérique Hébrard*
Vas-y maman *1031***	*Nicole de Buron*

290
★

Impression Brodard et Taupin à La Flèche (Sarthe)
le 26 août 1987
6684-5 Dépôt légal août 1987. ISBN 2-277-12290-4
1er dépôt légal dans la collection : septembre 1974
Imprimé en France
Editions J'ai lu
27, rue Cassette, 75006 Paris
diffusion France et étranger : Flammarion